胡玉娟◎主编

ZHONGXIAOXUE XINXI
JISHU KETANG XUEXI
YU KELI YANJIU

中小学信息技术课堂学习与课例研究

贾 璐 江 慧◎副主编

北京师范大学出版集团
BEIJING NORMAL UNIVERSITY PUBLISHING GROUP
安徽大学出版社

图书在版编目(CIP)数据

中小学信息技术课堂学习与课例研究/胡玉娟主编.—合肥:安徽大学出版社,2016.8(2020.6重印)

教师教育系列教材

ISBN 978-7-5664-1151-8

Ⅰ.①中… Ⅱ.①胡… Ⅲ.①计算机课—课堂教学—教学研究—中小学—师资培训—教材 Ⅳ.①G633.672

中国版本图书馆CIP数据核字(2016)第157150号

中小学信息技术课堂学习与课例研究 胡玉娟 主编

出版发行:北京师范大学出版集团
安 徽 大 学 出 版 社
(安徽省合肥市肥西路3号 邮编230039)
www.bnupg.com.cn
www.ahupress.com.cn

印 刷:旭辉印务(天津)有限公司
经 销:全国新华书店
开 本:170mm×240mm
印 张:14.5
字 数:210千字
版 次:2016年8月第1版
印 次:2020年6月第2次印刷
定 价:28.00元
ISBN 978-7-5664-1151-8

策划编辑:姜 萍 装帧设计:许润泽
责任编辑:朱丽琴 姚 宁 美术编辑:李 军
责任印制:陈 如

编委会

总　主　编　李继秀

编委会委员（以姓氏笔画为序）

刘　军　江　芳　吕　明
孙　露　吴孔宝　李　红
杜启明　李　萍　苏维冀
杨增宏　武宏钧　周　琴
周　鹏　胡玉娟　栾庆芳
徐存勇　董　涛　蒋道华

总序

随着全球化和信息化的不断拓展，教育理念的更新，传统的教师发展观越来越不适应教师职业发展的现状。近年来，关注教师实践性知识、真实课堂教学问题、开展行动研究、构建教师研究共同体等成为教师专业发展的主要方向。在这一过程中，教师不再单纯地实践和执行教学知识和理论，而是追求基于自己的教学情境、教学体验和团体合作来不断推进教师的共同发展。其中，最为典型的是20世纪末在日本基础教育兴起的"课例研究"和本世纪初在香港基础教育教师专业发展中推广的"学习研究"，这两种研究都是基于一线教师真实课堂教学环境开展的一种行动研究，本质上具有一定的前后继承关系。课堂学习和课例研究也逐渐成为很多国家和地区有效促进教师专业发展常用的方式。近年来，随着我国基础教育教师专业发展培训机制不断深入的推广，越来越需要在理念和方式上进行变革，改变长期以来的高投入、低产出，理论与实践脱节严重的现象，因此，引入一些当前较为先进的理念和方法，并加以借鉴，是一个比较切实可行的方法，也可以帮助解决目前教师专业发展培训模式可能带来的一系列问题。

适应这一教师教育的需求，“教师教育系列教材·有效教学研究丛书”面世了。丛书是合肥师范学院、合肥学院学科教学论教研室、教师教育学院部分教师以及来自基础教育一线的教研员或优秀教师通力合作、认真研究的成果。此套丛书的问世或许能够更好地服务于在我国即将开始的“全面启动实施卓越教师培养计划”（2014 年 8 月，教育部颁布了《关于实施卓越教师培养计划的意见》〔2014〕5 号），更好地服务于职前职后基础教育教师的培养培训。

“教师教育系列教材·有效教学研究丛书”由 8 本既相对独立又相互关联的分册组成。它们是：周琴主编的《教师职业道德》、吕明主编的《教育法律法规》、江芳等主编的《校本教学研修问题与指导》、杨增宏等主编的《小学语文课堂学习与课例研究》、栾庆芳主编的《小学数学课堂学习与课例研究》、蒋道华主编的《小学英语课堂学习与课例研究》、朱家礼主编的《小学科学课堂学习与课例研究》、胡玉娟主编的《中小学信息技术课堂学习与课例研究》。有的分册实行双主编制，一部分来自高等院校长期从事学科教学论研究和教育理论研究的教师，另一部分来自基础教育一线的教研员或优秀教师。丛书的立足点是基于教师专业标准、教师教育课程标准、符合基础教育课程改革特质，旨在实现理论与实践的结合、高师院校与基础教育学校的结合。使在职的一线教师既能规范熟练地掌握教育教学技能，又能保持理论的兴趣，穿行于理论与实践之中，形成难能可贵的教师思维，获得持续的专业成长力。

《教师职业道德》共分为四个专题：道德与教师职业道德、教师职业道德原则、教师职业道德规范、教师职业道德修养和教师职业行为。本书在深刻领会习近平总书记系列重要讲话精神的基础上，围绕《中小学教师职业道德规范(2008 年修订)》《教育部关于建立健全中小学师德建设长效机制的意见》《教育部关于印发中小学教师违反职业道德行为处理办法的通知》等,对教师职业道德的内涵、特征和功能、教师职业道德的原则、教师职业道德的规范,教师职业修养的意义、原则、方法以及教师课堂行为、师生交往行为的意义和规范要求进行了深入解读。

《教育法律法规》共分为七个专题:教育法原理、《中华人民共和国教育法》解读、《国家中长期教育改革和发展规划纲要(2010—2020年)》解读、《中华人民共和国教师法》解读、《中华人民共和国义务教育法》解读、《未成年人保护法》解读和《预防未成年人犯罪法》解读。本书重点对教育法的基本原理以及教师职业生活中的相关法律法规进行了深入解读,有利于中小学幼儿园教师贯彻依法治国的理念,加强和改进思想政治工作、推进社会主义核心价值观教育,切实增强他们依法治教、依法执教的意识与能力。

《校本教学研修问题与指导》共分五个部分,第一部分简要概述校本教学研修的意义、内涵、流程、误区和应对策略。第二至第五部分分别聚焦教学设计研修、教学行为研修、学习指导研修、教学反思研修等问题,在全面介绍、归纳和分析的基础上,逐一提出研修的策略。本书重点在于提升一线教师校本教学研修的实战能力,所以在谋篇布局上,突破了传统的框架与结构定式,每一部分按照"问题概述——问题诊断——方法指导——实战案例"的架构展开,意在围绕校本教学研修实践中的问题,找出症结,在理论点拨的基础上找出解决方法,并借助典型案例,加强理论与实践的结合,铸造一线教师校本教学研究的意识与能力。

《小学语文课堂学习与课例研究》《小学数学课堂学习与课例研究》《小学英语课堂学习与课例研究》《小学科学课堂学习与课例研究》《中小学信息技术课堂学习与课例研究》每本书 20 万字左右,分两部分。第一部分是理论分析。阐释课堂学习与课例研究的基本特征、内涵以及二者的关系等，为学科课堂学习与课例研究铺垫学理基础。第二部分是经典课堂学习与课例研究展示及透析。各学科教学课例在内容上兼顾不同题材的教学案例，如：语文教学是以阅读教学为主，兼顾拼音教学、识字写字教学、写作教学、口语交际教学等。课例透析力图以简约的形式对该教学设计的内容、格式、特色等进行梳理，为读者学习、模仿指明路径。

本系列丛书是安徽省高校省级人文社科重点研究基地重点招标项目“基于教师教育课程标准的实践性课程资源库建设研究”(SK2014A087)、安徽省振兴计划重大教改项目“师范院校与中小学‘无缝对接’教师教育模式建构与实践”(2014zdjy099)的研究成果之一。

本系列丛书适合我国基础教育改革对教师培养、培训的要求，适应中小学教师专业标准下的高等师范院校教师教育课程改革的需要。

本系列丛书在写作过程中参考、引用了国内外有关研究成果和文献资料，在此对这些著作权人和作者表示敬意和感谢。

由于我们水平的限制，本书的不足和问题一定存在，敬请各位同仁和读者提出宝贵意见和建议。

2016 年 5 月

前 言

自 2000 年以来，在全国范围内，中小学逐步开设信息技术课程。由于信息技术发展更新快，各地教学条件差异大，信息技术是新时代的新课程，因而信息技术课程教学难度较大。

本书是教学研究与参考类书籍。针对信息技术课程内容层叠、涵盖面广、版本复杂、知识螺旋式上升的特点，胡玉娟创新设计了以信息技术课程指导纲要的模块为主线、涵盖多年级多学段进行交流探讨的写作体例。全书共 8 个部分，包含“信息技术学科课堂学习与课例研究概述”“‘信息技术初步’模块课堂学习与课例研究”“‘操作系统简单介绍’模块课堂学习与课例研究”“‘计算机画画’模块课堂学习与课例研究”“‘文字处理’模块课堂学习与课例研究”“‘网络应用’模块课堂学习与课例研究”“‘多媒体制作’模块课堂学习与课例研究”及“‘Logo 语言与机器人’课堂学习与课例研究”。除第 1、第 8 单元外，每部分从“学业标准要求”“小学信息技术学习关键问题及指导”“中学信息技术学习关键问题及指导”“小学信息技术课例研究”及“中学信息技术课例研究”五个方面进行了交流性研讨。本书的编写凝聚了多位致力于信息技术课程教学研究的同志的智慧、经验和心血，体现了编著者的教学思想，期望对读者有所帮助。

本书可作为教研交流书籍，也可作为多种类型中小学教师业务培训用书或广大爱好者的参考书。

《中小学信息技术课堂学习与课例研究》第1部分由贾璐、胡玉娟写稿，第2部分由胡玉娟、张娜、薛鸿写稿，第3部分由张娜、王雷写稿，第4部分由陈静、王菁写稿，第5部分由陈静、胡飞翔写稿，第6部分由贾璐、叶东燕写稿，第7部分由江慧、周本阔写稿，第8部分由王军写稿。主编胡玉娟进行了书稿的写作设计以及全书的审订与统稿；两位副主编贾璐、江慧参与了审稿与编辑，江慧还进行了大量的对外校同志的联络工作；江慧、陈静、张娜、贾璐进行了自己所负责的部分的合成和初审。

我们借此感谢省教科院的方其桂教研员在百忙中为我们邀请多位一线优秀教师参与写作并为我们提供很多帮助！感谢合肥市一中陈新中主任、合肥师范附小冯璐校长在平日里为我们的教研提供大量的帮助并带领其同事与我们进行业务互动。

由于水平有限、时间仓促，书中定有不少错误和不妥之处，敬请读者海涵与指正，我们对此表示衷心感谢！

胡玉娟

2016年3月

目 录

第 7 部分 “多媒体制作”模块课堂学习与课例研究 155

第1部分

信息技术学科课堂学习与课例研究概述

1　何为信息技术学科课堂学习研究

1-1　信息技术学科课堂学习研究的内涵

1-1-1　信息技术学科课堂学习研究的国际背景

当今时代，为改善教学效果而进行的课堂学习研究已经成为教育改革的一项重要内容。由于文化背景的差异，课堂学习研究在不同国家与地区体现出不同的发展历程与特点。如日本的课堂学习研究被称为“授业研究”(Lesson Study)，已有超过 50 年的发展史，是一种在课堂教学过程中教师的专业发展、实践合作研究①。在授业研究过程中，教师按照年级、学科等因素分组讨论确定研究主题，并结合经验共同打造教学设计过程，再由其中一位教师进行授课，其他教师则观摩并记录改进建议。教学设计改善后，会由另外一位教师授课，再进行下一轮的教学与改进活动，整个授业研究过程可能会持续数月甚至一年不等，最终的研讨成果会通过刊物或校外公开课等形式

---

① 黄甫全：《让学校成为学习的天堂——校本学习研究引论》，载《教育发展研究》，2008 年第 10 期。

与其他的一线教育工作者共享。

由于日本学生在 1995 年和 1999 年的两次 TIMSS(第三届国际数学与科学研究项目)中表现优异，因此，在日本十分普及的授业研究逐渐被西方教育工作者关注并借鉴。如 James Stigler 和 Hierbert 两位教育学者在实地考察了日本、德国、美国等地课堂教学实况的基础上，提出了尝试在美国应用"Lesson Study"的想法，引起了美国当地学者的高度关注。自 1999 年以来，美国许多地区的教育工作者陆续加入课堂学习研究项目，建立了"Lesson Study"中心，对当地的教育效果改进起到了一定的促进作用。

自 2000 年以来，在借鉴了日本的授业研究以及中国内地的教研活动研究的基础上，香港开展了一系列课堂学习研究项目(Learning Study)，表现出强大的综合性和普适性优势。以香港教育学院卢敏玲教授为首的研究团队，以"变易学习理论"(Theory of Variation)为课堂学习研究的理论框架，经过 2000 年的"照顾学生个别差异——从'差异'开始"计划，2003—2005 年间的"教学启导与中学课堂教学评估计划"，2005—2007 年间的"优化课堂学习计划"及其后一系列的课堂学习研究项目发展计划，逐步形成系统化的课堂学习研究程序与实践模式[①]。目前，香港已有两百多所学校参与其中，并且共享了包括中文、英语、数学等多个科目的近三百个案例，受到了中小学校长和授课教师的热烈欢迎。

1-1-2　信息技术学科课堂学习研究的内涵

自 20 世纪 50 年代开始，借鉴苏联的经验，我国内地地区开展了以集体备课等形式为主的教研活动(Teaching Study)，对中国的学科课堂学习研究起到了一定的帮助作用。然而近年来，多名教育研究者对此类教研活动批评有加，认为其仅仅帮助了教师将所谓的"公开课"打造得滴水不漏，对课堂学习本身并没有实质的帮助，有形式主义之嫌。

鉴于信息技术学科的实践性特征，教育研究者提倡该学科的课堂学习研

---

① 卢敏玲、植佩敏、庞永欣:《课堂学习研究——如何照顾学生个别差异》，北京:教育科学出版社，2006 年。

究过程以学习者特征为依据，由中小学信息技术教师与相关教研机构、高校学科专家共同研究，帮助教育工作者找出教师的教学策略选择与学生所能达到学习效果之间的关系，从而提高学生的信息技术素养。

信息技术学科课堂学习研究过程具有以下几点特征：

(1)以信息技术学科中的具体问题为研究对象。由于信息技术课程的操作性较强，在具体的课堂教学研究过程中会出现许多意想不到的细节问题，如部分学生没有形成良好的文件管理习惯，导致作业保存与提交成为难题，部分学生由于基础较差导致对信息技术课程的兴趣降低，将注意力转移到游戏等非教学内容上，这些都应成为我们信息技术课堂学习研究的问题。成功的课堂教学研究应从课堂实践开始，将学习理论、新型教学理念与策略应用于课堂实践并不断改进，反馈指导课堂中的教与学。

(2)以一线教师与学科专家为研究团队。不同于语文、数学等科目，信息技术课程受到地域环境影响较大，如经济较发达的城市往往具有相对高端的硬件配置，学生实践动手机会较多，而经济较为薄弱地区经常由于外部条件不允许，无法为学生提供充足的上机学习机会。因此，该学科课堂教学研究中会产生多种多样的“地方特色”。信息技术学科课堂教学研究应提倡以一线教师为主要实践者，相关教研人员与学科专家协助教师发展学科专业知识与教学理论，促进教师对自身的教学进行深层反思，打造教师教、学生学、教研人员帮的一体化教研合作框架。

(3)以行动研究为研究导向。由于信息技术课程一般在机房进行，具有较强的开放性与灵活性，在课堂教学过程中经常会出现诸如软件版本不同造成教材配图与实际不符等“意外情况”，需要教育工作者在真实与自然的教学情境下，以解决实际问题为导向开展信息技术学科的课堂学习研究。在此过程中，课堂学习研究应采用螺旋式结构，通过教师对教学策略选择以及学生所获取信息技术知识与技能之间的关系开展行动研究，有效促进信息技术课堂教学效果的提升①。

---

① Lewin K, “Action Research and Minority Problems”, *Soc. Issues*, 1946—2(4).

1-2　信息技术学科课堂学习研究的过程

综观当下信息技术课堂教学研究，主要的研究路径有以下两种：第一种是当前我国内地地区常用的研究路线，即从基础理论出发，遵循"由外而内、由上至下"的研究准则，先由学科专家提出某种理论并加以诠释，再由一线信息技术教师将此理论运用于实际的课堂教学过程，当教师教学出现具体问题时，再由学科专家组织教师进行探究并最终解决问题。第二种是由香港的课堂学习研究提倡，从实践出发，遵循"由内而外、自下而上"的研究准则，先由一线教师集思广益，提出他们在具体教学中经常遇到的实际问题，然后由学科专家与教师一起运用相关理论分析、探讨、反思和总结，以及时对问题解决策略进行调整与改进，被称为"草根型"的研究范式。

我们提倡如下图 1-1-2-1 所示信息技术学科课堂学习研究流程图，在此研究过程中，教师们合理组团，通过从实践到理论、再实践再理论的研究过程，协商研讨，促进教学效果的提升与教师专业水平的发展。其具体流程如下：

图 1-1-2-1　信息技术学科课堂学习研究流程图

1-2-1　组建团队

在进行信息技术学科课堂学习研究的初始阶段，组成比例合理的研究团队是一项非常重要的准备工作。一方面，由于信息技术学科的实践性特征，其课堂学习研究需以行动研究为导向，立足于中小学信息技术课堂的教学实践，因此一线教师的地位是无可替代的。另一方面，由于信息技术学科的系统性与科学性，其课堂学习研究需要学科专家的引导与交流，尤其鉴于当今时代信息技术水平高速发展，学科专家一般能在理念与技术上给一线教师带来帮助，避免信息技术课堂学习研究陷入同水平重复的窘境。

除此之外，组建团队以后还要对一线教师进行有关培训或提供学习与研究的资源，帮助他们进一步了解具有信息技术课程特点的课堂学习研究理论框架及具体研究方法等内容，为广大信息技术一线教师与学科专家提供一个交流与合作的平台，有利于大家在合作的基础上真正提升专业水平。

1-2-2 选择主题

在组建研究团队、开展初步培训的基础上，信息技术课堂学习研究活动的下一个重要步骤是设定研究主题，即信息技术学科中的具体研究内容。学科专家与一线教师可分别通过搜集文献资料、总结以往教学经验与成果等方式，以头脑风暴的方法分享彼此在信息技术教学中遇到的难题及解决方案，研究团队可在此范围内从必要性和可行性两个方面衡量来选择信息技术课堂学习研究的内容与主题。这里的研究主题可以是信息技术学科的具体内容，也可以是由该内容的学习从而达到的能力、态度甚至价值观。

当然，以上的研究主题确定是从教师的授课经验出发，带有一定的主观性。另外，对于不同的学生教法不尽相同，研究团队需要通过学生访谈或前测等方式收集其对学习内容的理解，即学生所认为的难点，并对研究主题及具体学习内容的不足之处加以改进，关注学生的具体需求及不同学生之间的差异。至此，经过研究团队从一线教师、学生、学科专家等多个角度及文献搜集、经验积累、前测、访谈等多个途径进行收集与整理，信息技术课堂学习的研究主题及具体学习内容应运而生，这种“自下而上”的流程方法相对于传统的“自上而下”方法要科学系统，更接地气。

1-2-3 教学设计与实施

教学设计是指在充分考虑了学生特征的基础上对教材等课程资源的系

统重组。在信息技术课堂学习研究过程中，研究团队需根据选定主题确定教学重难点、学生已有知识及学习误区与困难，从而改进教学方法，并据此集体设计教学方案，完成课件等其他教学材料的准备工作，从而实现有效教学的最终目标。

由于信息技术学科课堂教学的动态实践性，经过教学设计后的课堂呈现过程往往会出现一些意想不到的情况，需要授课教师随机应变，作出相应的调整。因此，在教学实施过程中，可由一位教师负责按以上步骤协同合作得出的教学设计方案施教，其余研究团队成员积极观摩并记录课堂教学实况，以便后期评价分析所用。

1-2-4　评价反思

在信息技术课堂教学实施之后，研究团队须尽快安排评价反思环节。团队人员可在观摩记录的基础上深入探讨，分析教师信息技术课堂教学设计与实施的适切性及处理具体学习内容的得与失，以作为下一步改进教学方案的基础。同时，研究团队还可通过后测、抽样、访谈等方式仔细分析并比较学生在学习本节信息技术课前后的不同表现，将学生在信息技术知识与技能上的收获或缺失与课堂实施细节产生联系，以切实提出改善教学设计方案的具体建议。在条件允许的情况下，我们建议形成教学设计实施与评价反思的多重循环，逐渐完善信息技术课堂学习的效果。

1-2-5　分享成果

在信息技术课堂学习研究的最后阶段，我们提倡研究团队将研究成果以撰写报告等方式与其他教育工作者共享。成果的共享不仅有助于研究者变隐性知识为显性知识从而内化升华，而且可作为下一轮研究的重要参考资料，有利于信息技术学科课堂学习研究专业人群的茁壮成长。

1-3　信息技术学科课堂学习研究的意义

如何改进信息技术课堂教学效果，提高学生学习兴趣与能力，一直是教育界关注的重要问题。我们认为,信息技术课堂学习研究是深化信息时代课程改革的必然趋势,对学生的学、教师的教乃至学校的长远发展均存在深远的开发价值与实际意义。

1-3-1 提高学生信息技术应用能力,注意学生之间的差异

教师在没有经过充分的信息技术课堂学习研究之前,容易偏向于照本宣科,既未能充分考虑到教授的知识与学生日后学习与生活的关联,也未能调动学生学习的兴趣。在这种情况下,学生可能会对为何要学习这些知识以及知识点之间的关联产生困惑,进而很难培养学生的探究精神与问题解决能力。一般来说,如果教学仅停留于表层,很难激发学生的学习兴趣。

在信息技术课堂行动研究理论的引导下,教师通过对具体问题的探讨将信息技术的知识技能与日常生活多作联系,同时也为学生创造更多动手探究的机会,增加了所学内容的附加值,有利于学生的长远发展。例如,在讲解多媒体素材类型的概念时,教师可通过观看成长照片及影片、聆听儿歌等形式开展,以达到事半功倍的效果。

另外,由于学生之间信息素养的差异较大,而信息技术课堂学习研究的重要过程之一便是分析学生对所学内容的不同理解,并据此分析寻找教学设计的有效方案。这种做法充分照顾到不同层次的学生,整体提升了他们的信息技术水平与能力。

1-3-2 培养教师专业水平发展,促进理论与实践结合

一直以来,我国的信息技术课堂研究大多遵循“自上而下”的研究路线:一方面信息技术学科专家在相对脱离教学实践的研究阵地“居高临下”,通过理论研究提出信息技术教学的策略与方法;另一方面,一线信息技术教师往往过度依赖其个人经验的价值,认为学科专家无法理解课堂实践的动态性与复杂性,导致信息技术教学中理论与实践脱节。信息技术课堂学习研究正是提供了将两者汇集的平台,将学科专家在发展理论方面与一线教师在改善教学方面的优势结合,既规避了学科专家理论研究的去实践性,又提高了一线教师行动研究的效率,发展信息技术教师作为教学实践者的研究能力,提升

信息技术课堂学习研究的价值。

再者，信息技术教师在进行课堂学习研究过程中，需要系统深入地探究所授内容，这一过程对其信息技术学科知识的深化大有裨益。通过信息技术课堂学习研究的开展，教师不仅学会了个别教学重难点的处理方法，还初步了解行动研究这种重要的教育科研方法。1985 年，“凯米斯行动研究模型”提出，行动研究应是由“计划、行动、观察、反思”组成的“行动研究环”。但由于人类的定势思维，反思环节较难实现，信息技术课堂学习研究则有效地提供了发展教师反思能力的机会，使其能够通过这种行动研究的方式进一步提高信息技术课堂教学的质量，为其终身学习、研究打下基础。

1-3-3　优化学校校园文化，孕育专业研究社群

信息技术课堂学习研究不仅提升了教师的教与学生的学，还有利于学校健康向上的校园文化发展。大量研究与实践证明，在信息技术课程学习过程中，学生能力的提升不仅依靠于信息技术教师的个人努力，还依赖于学生之间的相互协作、共同进步。除此以外，在信息技术课堂学习研究过程中，教师之间相互观摩课堂、研讨分享彼此的教学困惑与解决方案，有助于教师之间的专业协作与资源共享。这种校园文化的发展有利于打破师生间孤立的尴尬局面，形成融洽温馨的信息技术课堂学习氛围。

再者，对学生来讲，在校学习绝不仅仅是学课程本身。优良的校园文化氛围可以塑造学生的人格，使其受益一生。

2　何为信息技术课例研究

“课例研究”[①]一词来源于日语合成词“jugyokenkyu”，意为“课的研究”。与此对应，由日本教师与教研人员共同设计用以研究或检视教学实践的课程被称为“kenkyujugyo”，即“研究课”。近年来，日本东京大学佐藤学教授领导

---

① Fernandez C.，Yoshida M，*Lesson Study*：*A Japanese Approach to Improving Mathematics Teaching and Learning*（Mahwah，New Jersey：Lawrence Erlbaum Associates Publishers，2004）.

的研究团队成功地将课例研究融入师范教育课程体系中，用以培养教师的教学实践能力。

我国传统的信息技术教研活动并不缺乏类似日本课例研究的听课与评课环节，但由于存在一些缺陷导致其功能与效果差强人意。首先，在信息技术课例观摩过程中未事先明确应当关注的要点，导致听课教师虽然有心去观察发现授课教师的不足之处，但瞬息捕捉的信息往往零散且包罗万象，未能形成有效的观察结果。再者，在课例观摩后的评课过程中，参与者往往将专注点集中于评价信息技术教师授课水平的高低或教学目标的达成度上，而没有研讨课例中具体问题的诊断与解决方案。最后，传统的信息技术教研活动往往在评课之后就结束了，缺少将实践升华为理论的重要环节，而成功的信息技术课例研究经常伴随着教师数次施教与反思修改的微循环，并且每次均不是简单的重复劳动，而是对所关注问题的深入认识与改进。

相对而言，在成功的信息技术课例研究过程中，信息技术教师基于日常教学，在行动研究的理论框架指导下提出问题，产生思想火花的碰撞，以此对以往的教学从全新的角度与高度重新审视与反思，实现自身信息技术专业能力的可持续发展。需要注意的是，由于存在文化特征、群体氛围等差异，在日本等地成功的课例研究无法原样移植到本土实行，但就方法论意义而言，对信息技术课例研究的探讨并不是以建立范式为最终目的，而是试图引发教育工作者对信息技术课例研究中共通的问题进行思考。

例如，日本教师在归纳课例研究的好处时经常提到："学生是教师反馈教学信息的一面镜子。"[①]但在信息技术课例观摩过程中，由于存在课堂的动态变化性与复杂性，相当部分教学情况的反馈有可能会被授课教师忽略。为了克服这种弊端，我们提倡在信息技术课例观摩中多引入合作力量，如本校或外校同专业教师、高校及信息技术教研机构学科专家等，为信息技术教师提供更广阔的交流平台。这一方面有助于改善传统信息技术教研活动的形式

① 戴维·霍普金斯著，杨晓琼译：《教师课堂研究指南》，上海：华东师范大学出版社，2009年。

化、低效性，为信息技术课程教学赢得专业引领与资源支撑；另一方面，不同学术背景研究人员的加入，有利于冲破封闭校园内相对保守与松散的人际关系形态，为信息技术课例研究构建良好的交流氛围，有助于信息技术教师在多元文化价值中提升自我专业修养。

除了关注信息技术教师的专业素养以外，课例研究还专注于学生的长远发展，不仅要求学生掌握信息技术知识与概念，还要求学生培养可迁移的问题解决能力。一位美国教师曾这样评价："课例研究教会了我怎样教学，现在我不是去想'这一节课涉及什么内容'，而是思考'我想要学生从这一课学到什么'。"[①]不同于传统的"自上而下"式信息技术教学研究，课例研究并不是直接教给学生信息技术知识，而是给学生提供构建自身知识结构的机会，带给学生深刻的信息技术学习体验。

综上所述，信息技术课例研究是一种来源于日常教学，并以信息技术课例为载体，通过行动、观摩、反思、修改的循环过程改进信息技术教学效果的研究方法。它是一个融合了信息技术教学理论与实践、人际交往与合作形态的研究结构，强调的是教师的反思与教学的改善。

信息技术课例研究常常存在以下两种理解上的误区，需要引起教育工作者的注意：

2-1　信息技术课例研究＝追求完美一课

这种理解存在一个哲学上的死角："怎样的信息技术课才算是完美一课呢？""即使这一课完美了，当教学内容发生变化时，如何将'完美一课'的研究成果迁移其中呢？"事实证明，如果信息技术课例研究以追求完美一课为终极目标，那它注定会无疾而终。因为，面对信息技术课程的复杂性与动态变化性，"完美"一词难以给出理性定义。只有将课例研究的最终目的转化为教学

---

① 胡庆芳：《课例研究的作用、特征和必要条件：来自日本和美国的启示》，载《外国教育研究》，2006 年第 4 期。

的改进，才有实现完美一课的可能性。

2-2 信息技术课例研究＝展示批判一课

信息技术课例研究并非示范课，但也并非批判课。许多信息技术课例研究过程采取等级评价的方式，将授课教师的课堂表现进行等级划分，这种过于量化的倾向忽略了信息技术教学的复杂性，对教学效果改进没有本质上的帮助。我们提倡信息技术课例研究应以描述性的语言作为反思评价的工具，为教师提供情境参与的机会。正如日本东京大学佐藤学教授所言："研讨教学问题的目的绝不是对授课情况的好坏进行评价，因为对上课好坏的议论只会彼此伤害。研讨的焦点应针对授课中的'困难'和'乐趣'所在，大家共同来分享，以达到教研的目的。因此，互相谈论这节课哪里有意思，哪里比较困难，学生有哪些表现，并通过相互交谈让学生学习时的具体样子重新浮现出来，这样的教学研讨才是每位教师所期待的。"①

美国前总统本杰明·富兰克林有过这样一句名言："告诉我，我会忘记；教会我，我会记住；让我参与其中，我就会明白。"当今的信息技术课例研究也应遵循这一法则，在兼顾科学性与人文性的同时，为每一位教师和学生提供学习、应用与思考信息技术知识与技能的机会，让他们在展现自我的同时拥有丰富又深刻的信息技术课堂。

3 信息技术课堂学习研究与课例研究的关系

信息技术课堂学习研究是以改善信息技术课堂教与学为目的的系统工程，无论从时间或是功能上均不仅仅止于信息技术课例研究。具体分析如下：

---

① 佐藤学著，李季湄译：《静悄悄的革命——创造活动、合作、反思的综合学习课程》，长春：长春出版社，2003 年。

3-1　时间维度分析

信息技术课堂学习研究是以学习者特征为依据，由中小学信息技术教师与相关教研机构、高校学科专家共同组成研究团队，通过对信息技术课程教学中常见的问题进行演练、观摩与反思，系统地构建出该学科的双向互动教学模式。它包括从组建信息技术课堂学习研究团队、培训一线信息技术教师以达成共识、从师生双角度搜集信息技术课堂学习研究主题，到在此准备工作基础上的教学设计与实施、观摩、评价与反思，乃至反馈改善后最终的成果分享，是一个系统化、综合性的实践过程，包含了理论指导实践、实践反哺理论的升华。而信息技术课例研究只涉及信息技术课程实施与评价修改的部分环节。换句话说，课例研究的开展过程既可以包括信息技术课程的具体实施，也可以包括在课后结合观摩情况的评估改善。因此，从时间维度分析，信息技术课例研究植根于课堂学习的具体阶段，即课例研究是课堂学习研究的一部分，而信息技术课堂学习研究绝不仅仅止于课例分析。

3-2　功能范围分析

在信息技术课例分析过程中，教师可以积累丰富的课例资源作为今后教学与研究的参考。但除此之外，从功能范围上看，信息技术课堂学习研究更重要的是向其研究团队，尤其是一线教师展示行动研究的具体操作方法，是一种方法论意义上的进步。除提升信息技术课堂的学习质量、促进教师专业发展的重要作用以外，信息技术学科课堂学习研究的终极目标是建立专业社群。也就是说，从功能范围分析，信息技术课堂学习相对于课例研究的涵盖范围更广，指向更远，对它们不可一概而论。

当然，并非一次信息技术课堂学习研究便可大幅改善信息技术课堂的学习效果，而且由于现实因素制约，信息技术课堂学习研究在不同的教研单位会出现本土化的迁移难题，需根据具体情况进行调整。但是，信息技术课堂学习及其课例研究会使广大师生受益，能为教师乃至学校的长远发展保驾护航，帮助其更勇敢与自信地面对教改的挑战。

4 信息技术课堂教师的教研与专业水平发展

信息技术课堂差异性较大，从而需要一线的教师有较高的业务功底和课堂把控能力。一个优秀的信息技术课堂教师不仅需要不断进行教学研究，也需要不断提高自身的专业素养。

4-1 来自基层的声音

曾有学生说，我追求的信息技术课堂是有用有趣、思维活跃、氛围和谐、师生融洽的课堂。

曾有同志说，课改需要这样的课堂——能学到更多更新的东西，有用有趣，有丰富活跃的课堂学习，有更多"高手"教师。

曾有领导说，信息技术课堂需要那些具有专业知识和专业素养的老师，需要具有扎实教学基本功的老师，更需要对教育有深刻思考和理解的信息技术老师。

还有学生说，"高手"教师不仅技术高超，而且教育教学水平、课堂管理能力超群出众。

唯有达到上述要求，才会有高质量的信息技术课堂，而前提是要有科学的教研和优质的师资。

4-2 信息技术课程的三维目标

研究信息技术的教学要联系实际，把握课程的目标、任务和特点。

教育部在《中小学信息技术课程指导纲要(试行)》中指出信息技术课程的性质是：信息技术课程是中小学一门知识性与技能性相结合的基础工具课程，应作为必修课单独开设，它不同于之前开设的中小学计算机课程。

信息技术课程定位为：中小学信息技术课程是为了适应技术迅猛发展的信息时代对人才培养提出的新要求而设置的必修课程，是以培养学生的信息素养和信息技术操作能力为主要目标，以操作性、实践性和探究性为特征的指定学习领域。

信息技术课程的主要任务是：培养学生对信息技术的兴趣，让学生了解和掌握信息技术基本知识和技能，使学生具有获取信息、传输信息、处理信息和应用信息技术手段的能力，形成良好的文化素养，为他们适应信息社会的学习、工作和生活打下必要的基础。

义务教育阶段信息技术教育的课程目标为：培养和发展学生积极学习和探究信息技术的兴趣，养成和巩固良好的信息意识和健康的信息技术使用习惯，形成和提高信息处理能力，培养和强化学生使用信息技术支持各种学习和解决各类问题的意识与能力。

不难理解，信息技术课程要由单纯地传授知识转变为三维学习目标。如图 1-4-2-1 所示，三者之间彼此渗透，相互融合，统一于学生的成长和发展的全过程。知识与技能目标是实现三维目标的基础；过程与方法目标是衔接三维目标的桥梁；而情感态度与价值观目标使目标进一步得到升华。

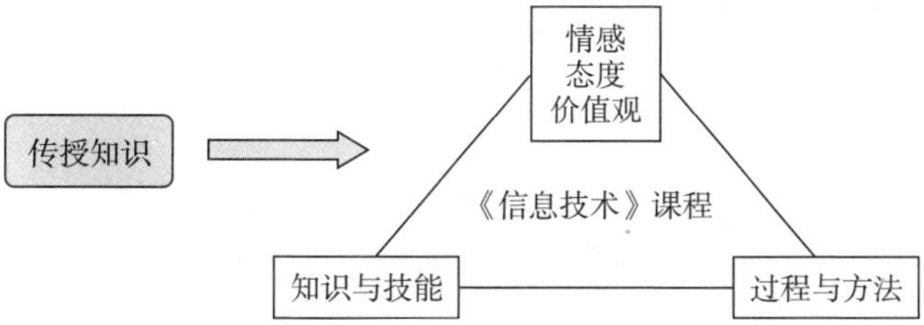

图 1-4-2-1　信息技术课程的三维学习目标

对中小学生而言，信息技术教育的核心是信息素养，它包括信息意识、信息知识、信息能力、信息道德。信息意识是先导，信息知识是基础，信息能力是核心，信息道德是保证。

特别值得教师注意的是，信息技术课程设置应考虑学生心智发展水平和不同年龄阶段的知识经验和情感需求。教师既不能把中小学课程当成高职高专、甚至是大学生的课程来上，也不能搞灌输式教学，那样不利于对学生兴趣、能力、创新意识的培养，违背了课程的目标、性质和任务。

中小学三个学段的内容及目标的衔接关系是一种螺旋式上升的关系，很多同类的知识穿插在多个学期中，深浅却不同。如图 1-4-2-2 所示。

信息技术教育内容及目标的衔接与螺旋上升
（小学→初中→高中）

	兴趣特长	技能应用	信息素养	创新思维
小学	激发兴趣 培养习惯	常用软件/工具 基础应用技能	体验活动 信息意识	质疑与尝试
↓	↓	↓	↓	↓
初中	巩固兴趣 发现特长	拓展+提升 开发能力	分析问题 尝试应用	改进与动手 简单设计与制作
↓	↓	↓	↓	↓
高中	分类学习 发展兴趣	自选门类 能力发展	能力与智慧	门类的兴趣 设计、制作与创新

图 1-4-2-2　中小学三学段的学习内容及目标的衔接关系

当然，中小学三个学段的教学方法亦不同，各学段教学要注意各学段的特点。所以，信息技术教师要投入更多的精力进行课堂教学研究。

4-3　教师的专业化

随着时代的发展，教师专业化越来越被重视。教师不仅要教书，还应成为研究者，使自己专业化。教师想要成为研究者，需要在理念、学习、实践、思考、积淀五个方面不断进取和提升。（参看图 1-4-3-1。）

信息技术教师的素养包括专业特性、拓展的专业特性，这其中很重要的一个方面是教育素养。教育素养又体现在理论、理念、教学技艺、教研能力等方面。

特别是在现代，作为一名信息时代的教师，熟悉并强化建构主义学习思想非常重要，因为该思想可指引我们开展教育教学活动和教研活动。建构主义认为：知识主要不是通过教师传授得到，而是学习者在一定的情境即社会文化背景下，借助其他人（包括教师和学习伙伴）的帮助，利用必要的学习资源，通过意义建构的方式获得。“意义建构”指概括事物的性质、特征、现象，归纳事物之间的内在联系和规律。

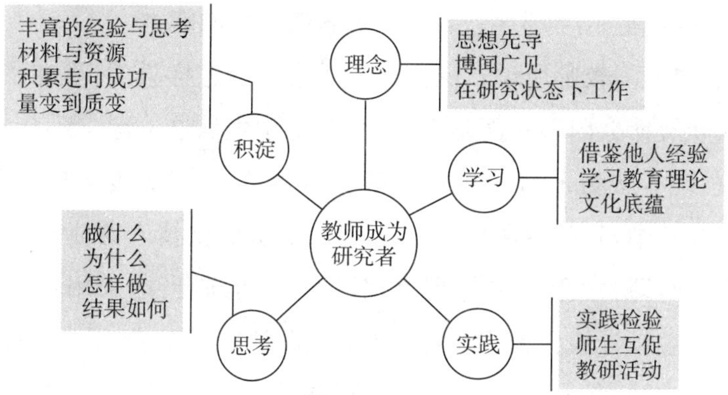

图 1-4-3-1　教师成为研究者的因素

4-4　选用教学方法的依据

信息技术教材在全国是多纲多本，教材编写的指导思想是以培养学生应用信息技术解决实际问题能力为主线，教材内容以基本知识、基本操作和应用为主。但是，全国的学生基础和教学条件也是千差万别，因此教师驾驭课堂的能力以及选用的教学方法非常重要。

选用教学方法一般可依据：

(1)教学的目标、任务。

(2) 教材内容。

(3)学生的年龄特点和知识水平。

(4)教师的素养条件。

(5)学校的设备条件和教学时间。

信息技术课程可供参考的新型教学方法有：讲授教学法、任务驱动教学法、范例教学法、基于问题的学习、Web Quest、游戏教学法等。基于不同的年龄、基础和学习内容，教师可灵活采用。

其中，最为重视的，也是时下比较流行、实用的教学方法是任务驱动教学法，它是以浅显易学的实例带动理论的学习和应用软件的操作。从完成某一任务着手，提出问题或目标，通过示范操作或阅读课本，使之完成任务，从而激发学生的学习兴趣，培养学生发现问题和解决问题的能力。

正如那位美国教师所说："课例研究教会了我怎样教学，现在我不是去想'这一节课涉及什么内容'，而是思考'我想要学生从这一课学到什么'。"也正如美国前总统本杰明·富兰克林所说："告诉我，我会忘记；教会我，我会记住；让我参与其中，我就会明白。"要避免中小学信息技术课堂出现令人头疼的玩游戏、不听课、学不进去等现象，教师可考虑适当地采用任务驱动教学法，将教学内容设计成大大小小、层层叠叠的多个任务，每节课完成一个或多个任务。很多时候教师可以让学生自己先尝试完成某任务，然后再讲授点拨，激发学生兴趣、强化学生记忆。

在此，我们用简练语言列出以下基于行动研究成果的信息技术课程教学实施(课堂教学)的参考建议，以供同行商榷：

(1)有明确的课堂任务。

(2)注意年龄层次，注意导入，注意激发兴趣。

(3)大多数学习内容以在网络机房上课为佳，边讲边练。

(4)可适当做课件，与演练交替使用(但注意以概括知识点、示范作品为主，一般不必板书操作步骤，导学重、难点)。

(5)适当设计自主学习、合作学习、分组学习。

(6)尽力提供相关学习资源。

(7)注意教学反馈。

(8)强调复习、巩固。

(9)适当小结。

(10)有一定的课内和/或课外作业。

第 2 部分

“信息技术初步”模块课堂学习与课例研究

2

1 学业标准要求

1-1 国家纲要要求及安徽省现今教学有关要求

国家纲要要求

早在 2000 年，教育部曾在一年之中先后颁发了三个相关文件：教基[2000]33 号文件《关于在中小学普及信息技术教育的通知》、教基[2000] 34 号文件《关于在中小学实施“校校通”工程的通知》、教基[2000]35 号文件《关于印发〈中小学信息技术课程指导纲要（试行）〉的通知》，体现了国家对中小学信息技术教育的重视和时代改革的需求。如今，中小学信息技术课已今非昔比，得到了大力发展。然而，信息技术课程由于学生基础、学校条件、教师自身条件存在差异，遗留下很多难题。为了进一步提升教学质量，教师需要去潜心钻研。

教育部在《中小学信息技术课程指导纲要（试行）》中，明确了信息技术课程目标、课程功能、课程结构、课程内容、课程实施、课程评价、课程管理等，给我们教学实践提供了行动指南。

在小学信息技术阶段的“模块一——信息技术初步”中，纲要对课程的教学内容的指导是：

(1)了解信息技术基本工具的作用，如计算机、雷达、电视、电话等。

(2)了解计算机各个部件的作用，掌握键盘和鼠标器的基本操作。

(3)认识多媒体，了解计算机在其他学科学习中的一些应用。

(4)认识信息技术相关的文化、道德和责任。

同时，纲要对初中信息技术阶段“模块一——信息技术简介”模块提出了以下教学目标要求：

(1)信息与信息社会。

(2)信息技术应用初步。

(3)信息技术发展趋势。

(4)信息技术相关的文化、道德和法律问题。

(5)计算机在信息社会中的地位和作用。

(6)计算机的基本结构和软件简介。

安徽省现今教学有关要求

安徽省结合本省的特点，根据教育部《中小学信息技术课程指导纲要(试行)》的精神，对小学阶段“信息技术简介”模块的对应内容提出了如下要求：

模块一——信息技术简介

(1)初步了解信息技术基本工具的作用：采集信息、存储信息、传输信息、处理信息，如录音机、电话机、传真机、电视机、磁盘、光盘、照相机、雷达、计算机等。

(2)从外观上了解计算机的基本组成和作用。

(3)比较熟练地掌握键盘和鼠标器的基本操作。

(4)初步了解承载信息的几种媒体；了解计算机在学习生活中的应用。

(5)了解与信息技术相关的文化道德和责任；培养使用计算机的良好习惯。

1-2 小学信息技术纲要解读及分析

国家纲要中指出，中小学信息技术课程的主要任务是：培养学生对信息技术的兴趣和意识，让学生了解和掌握信息技术基本知识和技能，了解信息技术的发展及其应用对人类日常生活和科学技术的深刻影响；通过信息技术课程使学生具有获取信息传输信息处理信息和应用信息的能力，教育学生正确认识和理解与信息技术相关的文化伦理和社会等问题，负责任地使用信息技术；培养学生良好的信息素养，把信息技术作为支持终身学习和合作学习的手段，为适应信息社会的学习工作和生活打下必要的基础。

同时指出，信息技术课程的设置要考虑学生心智发展水平和不同年龄阶段的知识经验和情感需求。小学、初中和高中阶段的教学内容安排要有各自明确的目标，要体现出各阶段的侧重点，教师要了解三个学段该门课程之间的联系和关系，切不可模糊学段的特点；还要注意培养学生利用信息技术对其他课程进行学习和探究的能力。努力创造条件，积极利用信息技术开展各类学科教学，注重培养学生的创新精神和实践能力。

小学阶段的主要教学目标是：

(1)了解信息技术的应用环境及信息的一些表现形式。

(2)建立对计算机的感性认识，了解信息技术在日常生活中的应用，培养学生学习、使用计算机的兴趣和意识。

(3)在使用信息技术学会与他人合作，学会使用与年龄发展相符的多媒体资源进行学习。

(4)能够在他人的帮助下使用通讯远距离获取信息、与他人沟通，开展直接和独立的学习，发展个人的爱好和兴趣。

(5)知道应负责任地使用信息技术系统及软件，养成良好的计算机使用习惯和责任意识。

(6)在条件具备的情况下，初步了解计算机程序设计的一些简单知识。

我们认为，就“信息技术初步”模块的教学目标来说，首先是培养学生学习计算机的兴趣，建立对计算机的感性认识，其次是让学生初步接触和了解有关知识。

随着时代的发展和学龄儿童学习环境的不断改善，我们应将国家纲要和地方政府提出的主要学习目标理解为对教学的基本要求。我们可以结合当地的具体情况适当提高和更新，全面领会纲要的精神，综合考虑纲要各方面的要求，灵活运用各类教学方法和教学手段。除此之外，我们还要挖掘教学中的难点问题，并加以研讨和解决。

1-3 中学信息技术纲要解读及分析

根据纲要及教材内容，我们认为就初中“信息技术简介”模块而言，最主要的是让学生达到以下要求：

(1)了解信息技术在当今社会的使用，学会在广泛的信息源中对信息需求进行分析，掌握信息的类型以及信息技术未来的发展趋势。

(2)在遵守法律和道德要求的前提下，正确合理地获取与使用信息资源。

(3)学会对信息资源进行有效管理，学会对信息资源的真伪及价值等进行分辨与评价。

(4)更进一步了解计算机各组成部件、功能以及相关软件等知识。

信息技术日新月异，初中生学习环境也在不断变化，他们接触的信息资源较多较广。我们也应当将国家纲要和地方政府提出的教学目标理解为对教学的基本要求和倡导，并结合各地的具体情况尽可能更深入地领会纲要的精神，综合考虑纲要各方面的要求，灵活运用各类教学方法和教学手段。另外，我们也要挖掘教学中的难点问题，并加以研讨和解决。

2 小学信息技术学习关键问题及指导

2-1 认识生活中常见的信息技术工具

《中小学信息技术课程指导纲要(试行)》在小学阶段“信息技术初步”模块中指出,学生需要学习了解信息技术常用工具,例如,计算机、雷达、电视、电话机等信息技术工具的功能。“了解信息技术基本工具的作用”这部分,在第1-8册教材中没有专门的内容来讲解,许多教师可能会一两句话带过。然而笔者认为,这部分知识其实对于学生初步学习信息技术课程十分重要,既可以通过这一部分引入计算机这一主要信息技术工具,又能作为对计算机知识学习的拓展,因为信息技术不只是计算机技术。因此,讲解好这一部分知识,需要教师合理选择课外的相关知识片段,安排好该部分内容的教学,巧妙通过该部分内容的讲解导入课程其他重难点知识,同时也让学生在信息技术初步模块中初步了解和认识相关信息技术工具。

在教学过程中,教师可以采用图片展示,或通过相关动画视频引发学生思考、激发学生学习兴趣,让学生在情境中思考和判断信息技术常用工具的基本功能。教师还可以让学生之间形成小组进行讨论,通过课堂小结,让学生正确认识信息技术常用工具的功能。

2-2 了解计算机组成及其功能

计算机是常见信息技术工具中最典型的,也是最重要的工具。学生首先需要对计算机各个部件的组成及其功能产生初步的认识。

在教学过程中,教师可以采用讨论交流法、演示法(实物/图片展示法)、讲授法以及角色扮演法等。

计算机这部分知识属于课程重点知识,在教学过程中,通过实物或图片展示的方法必不可少,即通过图片或实物展示台式计算机各个组成部件,并对主机、显示器、键盘、鼠标等各个部件的功能作基本介绍。除此以外，学生初次接触计算机各组成部件，难免对其名称及功能印象不深，因而为了提高学生对计算机的兴趣以及加深强化对计算机组成部件的学习效果，教师可以在课程教学过程中挑选对该部分掌握较好的学生来充当教师的角色，将其对计算机组成部件的认识通过讲课的方式讲述给其他学生。也就是说，教师通过角色扮演等新颖的教学方法，提高学生学习兴趣，加深学生对计算机组成及各组成部件功能的认识和掌握。

2-3 正确启动计算机

打开计算机是使用计算机的第一步。教师可能一再强调打开计算机的顺序是：先打开显示器，再打开主机。然而，许多学生虽然记住了开机顺序和要点，但是可能还是经常找不到电源开关，尤其是在换了一台不同的计算机之后，因而在教学生启动计算机之前，教会学生找到显示器和主机的电源开关很重要。教师可以让学生在开机之前先“辨一辨”“找一找”，教会他们正确认识和找到电源开关后，再讲解开机步骤及注意事项。小学生对多人参与的活动环节比较感兴趣，因而这个“辨一辨”“找一找”的环节可设计为分组的游戏环节等。另外，学生学会辨认显示器、电源键以及主机电源键之后，让学生在开机过程中，学会观察按下电源键之后指示灯的变化以及计算机桌面的变化，并积极说出自己的发现。

2-4 键盘和鼠标使用

键盘和鼠标是最常用的计算机外部设备，因而学习与掌握它们的使用方法非常重要。学生启动计算机之后，需要通过鼠标和键盘实现对计算机的控制和使用。

2-4-1 鼠标的使用方法

鼠标的使用主要包括左键单击、左键双击、左键拖动、右键单击以及滚轮滑动这几种。这一知识点的掌握重在让学生自己多实践操作，从实践中体会鼠标的正确使用。

在教学过程中，教师可采用讲授法以及实践教学法等。例如，教师可以通过投影屏幕向学生介绍鼠标的几种操作方法，随后学生上机进行实践练习。学生首次接触鼠标的几种使用方法，可能会出现对按键功能记忆混淆或操作不熟练等问题，为此，教师在这次课中可以给学生多设计几个游戏环节，让学生在不同的游戏情境中通过不断区分练习鼠标单击、双击、右击以及拖动操作，从而达到正确使用鼠标的目的。

2-4-2 键盘的正确使用

相对于鼠标的使用，键盘的按键和功能更多，使用更为复杂。在教学过程中，教师可以采用讲授法、任务驱动法以及实践教学法等。

学生首先要初步认识键盘的几个功能区，能够区分键盘各功能区的作用，这一部分主要以教师教授为主。键盘的具体使用讲解中，教师可以结合"金山打字通"软件，使用键盘和投影给学生演示并讲授键盘定位键、正确指法以及键盘不同功能区的输入结果。教师可以通过任务驱动法，让学生使用"金山打字通"软件或记事本工具输入字母、数字以及符号等，通过实践练习熟悉键盘各按键功能。

2-5 计算机硬件设备的连接

计算机各硬件设备是如何连接起来的，这部分内容属于小学高年级学生的学习范畴，在教材第 7 册中才有讲解，对于小学生来说是一个较难的知识点。

在教学过程中，教师可以采用讲授法、演示法(实物/图片展示法)、练习以及实践教学法等多种方法。

例如，教师可以通过投影仪以及实物，向学生介绍主机接口(电源接口、鼠标接口、键盘接口、显示器接口、USB 接口、网络接口、音频接口)及连线要点，在条件允许的情况下，教师还可以通过实物操作给学生示范整个连线过程。这部分知识的教学可不必让学生将实物进行连线，可多设计一些电脑主要硬件设备的连线练习题，让学生在图文练习中，从感官上学会硬件设备的连线操作，这样既不会让学生感觉太难太复杂，又能提高学生的学习兴趣。另外，教师可以简单介绍可以接入到计算机的一些外部设备以作为知识拓展部分，例如，耳机、摄像头、U 盘、音箱等设备的基本功能及接入计算机的基本方式，让学生尝试将耳机或摄像头等简单外部设备接入计算机，通过实践锻炼学生动手尝试的胆量，也让他们能体会设备连接成功后的乐趣。

3 中学信息技术学习关键问题及指导

3-1 信息与信息技术应用初步

结合纲要分析教材，“信息技术简介”模块要求学生了解信息与信息社会，掌握在信息时代中快捷有效地获取信息并管理信息，主动地鉴别评价信息的真伪及价值，学会用信息技术手段解决学习和生活中的实际问题。2015 年 7 月第 5 次印刷的九年级上册《信息技术》教材“第 1 单元：获取信息”，通过 3 个活动过程——“信息需求的分析”“信息获取的方法”和“信息管理与评价”，贯穿了信息与信息技术应用初步的主要方面。相关知识主要有：分析问题、确定需要获取的信息内容，认识并确定信息的类型，分析有效的信息来源；学习常规的获取信息的方法及工具；学习对获取的信息进行管理以及评价和鉴别信息的方法。笔者认为该部分内容涉及较多信息理论和信息实践，教师应该引导学生自主探索相关知识，而不能只是灌输知识，并且应该安排设计好教学活动过程及步骤，在一定程度上对学生获取信息、识别信息、分辨信息方面进行原则性指导，让学生在实践中学会高效、正确地使用信息技术。

3-2 计算机基本结构和软件简介

2014 年 7 月第 1 版七年级上册教材“第 1 单元：我的电脑世界”，通过 2

个活动过程——“初识我的电脑”和“初用我的电脑”，讲解了计算机及其用途、计算机主机及其组成、输入设备、输出设备以及计算机中常用软件，例如，拼图软件、计算器软件的运行、使用及关闭等。笔者认为这部分内容是对小学期间相关学习内容的一次深入学习，结合中学学生的认知能力和接受能力，讲解了计算机的结构和软件相关知识。该部分内容是计算机基础内容，在教授过程中教师要注意方式与方法，避免有些学生感觉对知识重复学习，要让学生在小学知识的基础上进行深入学习和探索，为之后的学习做好铺垫。

4 小学信息技术课例研究

4-1 课例1——了解计算机各部件作用

分析教学难点或常见问题

有的教师在课堂教学中只是一味地“教”教材，而不会“用”教材，造成了纸上谈兵、脱离实际的现象。例如，在教材与实际不符时，有的教师不知变通，仍按照教材教，致使学生产生了困惑。

问题表现1

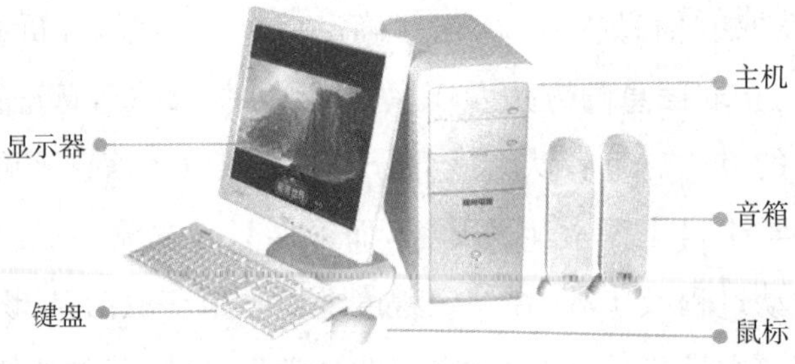

图2-4-1-1

随着政府对教育经费的投入加大，基础教育的办学条件日益提高，不少地方的学校机房已经把传统的分体式电脑更换成了一体式电脑。在《小学信息技术》2015年第4版第1次印刷本第1册第1单元第1课教材中，“认识电脑的组成”部分内容所列举的电脑组成主要是针对分体式电脑而言的，有的教师在讲授这部分内容时依然照本宣科，致使学生产生困惑。例如：

师：同学们，请看大屏幕(如图 2-4-1-1)，你能根据图上的标注记住电脑各部件的名称吗？

学生跟着教师的指点依次读出电脑各部件名称。

师：下面老师要考考你们，看大屏幕上(如图 2-4-1-2)这道题，谁能将电脑各部件和对应的名称正确连线？

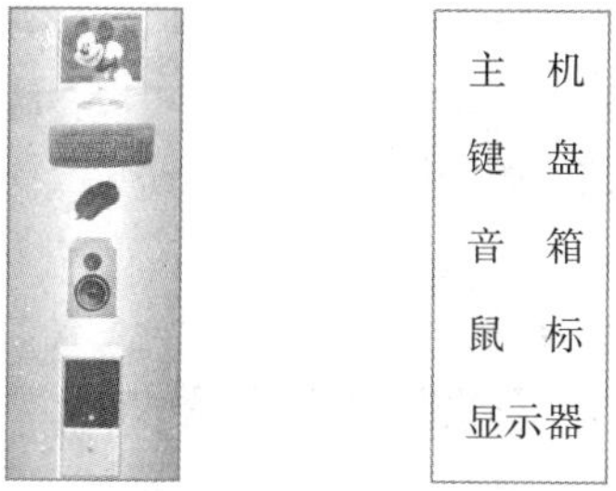

图 2-4-1-2

教师请一位学生上来连线，大家齐读一遍电脑各部分名称加以巩固。

师：电脑就是由这些部件组成的，下面我们继续学习它们的功能。

生：老师，我有个问题，图上的电脑有音箱和主机箱，我们的电脑怎么没有呢？

师：……

●**问题表现 2**

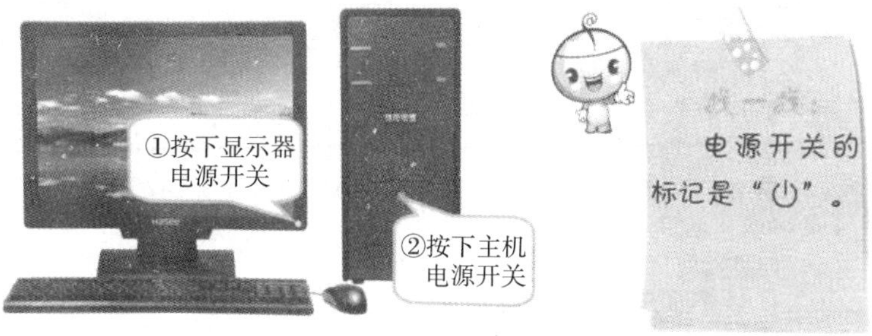

图 2-4-1-3

一体式电脑是一键启动的，它与教材上的分体式电脑的启动步骤有所不同。如果教师不随“机”应变，也会给学生造成混淆。

在《小学信息技术》2015 年第 4 版第 1 次印刷本第 1 册第 1 单元第 2 课“启动电脑”部分，有的教师是这样讲课的：

师：电脑开机分两步，先打开显示器，再打开主机（如图 2-4-1-3）。打开课本，按书上步骤启动电脑，认识桌面。

生：老师，显示器电源开关找到了，可是找不到主机电源开关啊？

生：老师，我只按了一下显示器的开关，电脑就开机了，不需要第二步呀？

师：……

解决方法参考

教材只是一种教学资源，教师应该“用”教材教，而不是“教”教材。在进行教学设计时，教师要根据学生情况、教师自己情况、学校设施情况等选择教学内容和教学方式，合理地运用教材。

●案例 1　初识电脑

教师活动	学生活动	设计意图
(1)让学生描述一下自己家里的电脑是什么样子的。 (2)用图片展示分体式电脑、一体式电脑、笔记本电脑和平板电脑，让学生比较一下它们的区别。 (3)通过展示分体式电脑介绍电脑的主要组成部分和各部件功能。 (4)组织讨论：一体式电脑有主机和音箱吗？说说理由。教师适时点拨启发，引导学生初步了解虽然一体式电脑与分体式电脑相比外观差异较大，但基本功能差不多，主机和音箱只是改变了外观，压缩了体积整合在一起了。 (5)让学生观察自己面前的电脑，说说发现。教师根据学生的发现介绍一体式电脑的按钮和相关插口。 (6)引导学生比较学生机和教师机，说说外观上的差别。 (教师机是分体式电脑)	(1)根据已有知识描述自己见过的电脑。 (2)通过观察初步了解不同类型电脑的区别。 (3)展开讨论，作出判断，陈述理由。 (4)观察发现一体式电脑按钮和插口的位置。 (5)通过观察认识一体式电脑的按钮和插口。 (6)通过比较发现分体式电脑按钮插口的位置。	从学生已有的知识经验出发，既有助于教师了解学生的已有知识水平，也有利于教师调整下面的教学设计。 让学生自己讨论、判断、观察，比教师直接讲授更容易让学生记忆深刻。

教师从学生的已有知识经验出发，把课堂交给学生，体现了课堂教

学中学生的主体性。教师在课堂教学中不仅是要授业解惑，更重要的是引导学生掌握获取知识的方法。教师在课堂教学中不能被教材牵着鼻子走，实际情况和学生水平等因素在教学设计中都要考虑到。

●案例2 启动电脑

教师活动	学生活动	设计意图
(1)布置自学任务：自学课本，了解分体式电脑的启动步骤。 (2)介绍一体式电脑启动只需一键完成，鼓励学生自己找找“启动”按钮的位置。 (3)启动电脑，观察按钮变化。 (4)根据课本内容尝试分体式电脑的启动。 提示注意：先开显示器，再开主机。 (5)了解电脑桌面。	(1)自学课本。 (2)观察一体式电脑，寻找启动开关，尝试启动电脑。 (3)探究其他按钮的作用。 (4)尝试启动教师提供的分体式电脑。 (5)结合课本内容了解电脑桌面各部件名称。	鼓励学生自己探究、大胆尝试，培养学生主动学习的能力。

4-2 课例2——掌握键盘的操作

分析教学难点或常见问题

兴趣是最好的老师。在《小学信息技术》教材第1册和第2册中各有1个单元是关于键盘指法的教学，这部分内容比较枯燥，操作时间过长很容易使学生失去兴趣，时间过短学生又不易掌握，而正确的指法和键盘操作是后继学习的基础。因此，如何吸引学生的兴趣，让学生正确练习指法和键盘操作成了教师头疼的事。

● 问题表现1

《小学信息技术》2015年第4版第1次印刷本第1册第3单元第8课的内容是“在初识键盘后继续学习基本指法”，这是三年级学生的第一次指法教学课。如果教师不注意激发学生的学习兴趣，引导学生主动、规范地操练正确指法，那后面的打字教学就无法顺利推进。例如，一位教师是这样进行指法教学的：

师：下面请同学们对照书上图片，把左右手的手指放在指定的基准键上，两手的拇指放在空格键上（如图 2-4-2-1）。

学生按照老师要求摆放手指，老师来回巡视，纠正摆放不正确的手指。

生：老师，看我的手指摆放正确吗？

生：老师，我的手指都酸了，可以了吗？

生：……

图 2-4-2-1

一分钟下来，教师还在继续检查手型，不少学生坐不住了，手指不再保持标准手型。这种单调的任务让学生很快丧失了兴趣，即使教师在课堂上反复强调基本指法的重要性，学生也不会记忆深刻。

●问题表现 2

《小学信息技术》2013 年第 2 次印刷本第 2 册第 3 单元第 12 课的内容是"学习中文标点符号的输入方法"，教学时有的教师根据教材编排顺序，先教标点再教符号的输入方法。这部分内容较为枯燥，如果课堂上只是学习和练习这些标点符号的输入，学生很难愿意主动操练，熟练掌握。例如：

师：上学期我们已经学过英文标点的输入方法，现在我们要学习中文标点的输入方法（课件出示如何进行中英文标点输入状态的切换），现在再看老师的输入，是不是变成了中文标点了？你们也来试一试吧！

（学生操作练习，切换中英文标点的输入状态。）

师：在练习的过程中是不是发现有些中文标点符号没找到呢？老师给你们一张"秘方"，相信你的问题就迎刃而解了（屏幕出示中文标点符号对应按键表，如图 2-4-2-2）。

（学生对照键位表继续练习中文标点符号的输入。）

师：了解了中文标点符号的输入方法，下面我们来实战演练一下，看看能不能学以致用，完成“金山打字通”中的文章打字练习。

中文常用标点符号键位表

中文标点符号	对应按键	中文标点符号	对应按键
，	, 键	、	\键
。	. 键	：	Shift+ ; 键
；	; 键	！	Shift+1键
‘ ’	' 键	……	Shift+6键
？	Shift+/键	（	Shift+9键
“ ”	Shift+ ' 键	）	Shift+0键
《	Shift+ , 键	——	Shift+ - 键
》	Shift+ . 键		

图 2-4-2-2

（学生打开“金山打字通”软件操练。）

在文章打字练习中，不少学生由于汉字输入速度较慢，所以练习效率较低，远远达不到本节课的练习目标，加上学生对枯燥的打字练习本身就兴趣不高，使得这个练习很难取得实效。

解决方法参考

教师在教学设计中，不仅要备教材，更重要的是要备学生。正确的指法和键盘操作的内容对三年级的学生来说并不难，只是这部分内容需要学生通过一定时间的操练方能熟练。因此，提高学生兴趣，促进学生主动、自觉地操练是这部分教学设计的关键。情境创设、游戏闯关等都是针对这个学段学生的有效教学方式。

● 案例 1 学习基本指法

教师活动	学生活动	设计意图
(1)定位基准键。 师:鼠标的握法让我们明白,操作鼠标需要手指分工协作,使用键盘打字也需要手指分工协作。我们要想操作键盘,手指必须摆放到正确的位置(出示基准键位图片) 师:将左手的手指分别轻放在:A-小指,S-无名指,D-中指,F-食指;右手的手指分别轻放在:-小指,L-无名指,K-中指,J-食指;左右手的大拇指都轻轻放在空格键上。(出示手指摆放图示)	(1)学生探索、观察键盘。	利用知识迁移,让学生明白打字需要手指分工协作。 为引出基准键位作好铺垫
 师:分别摸摸这 8 个按键的表面,有什么发现?(出示 F 和 J 键的放大图) 师:它的作用是什么呢?(使用左右手的食指快速找到定位键,然后其他手指一次向两边排开,手指就各就各位了。)	(2)找找自己键盘上的基本键位,尝试在基准键位上摆放手指。 (3)观察后解答问题。	使学生在头脑中建立清晰的定位键的表象,为盲打奠定基础。
板书:定位键。 师:尝试不看键盘快速摆放手指到基准键位。(教师喊口令让学生迅速摆放手指,同座位的学生之间比比,看谁的手指摆放的最快最准确,为表现突出的学生加星。)	(4)通过反复练习,初步掌握利用基准键定位左右手基本指位。	快速找到定位键,摆放手指到基准键位。
(2)正确击键。 教师打开指法练习小游戏,讲解游戏的规则,演示操作。 师:要想顺利玩游戏,我们在敲击按键时手指要做到轻、准、快,当用左手击键时,右手要保持基准键位指法不变;当用右手击键时,同样也要保持左手的基准键位指法不变。切不可小指击键时,其余三指(特别是食指)翘起,或食指击键时,另外三指翘起,击键时,一定要体会"弓手、立指、弹键"的正确指法。 鼓励小组评选"姿势之星"、"指法之星"、"速度之星"、"全能之星"等。	(5)打开"小小炮兵"游戏,认识界面,了解游戏规则。  (6)理解击键动作要领。 (7)玩游戏,练指法。 (8)互帮互助,为小组争星。	利用游戏激发学生练习兴趣 强调敲击键盘时指法的动作要领,帮助学生建立良好的指法习惯。 以"争星"的方式激励学生练习的热情。

该案例中，教师利用游戏激发学生操练兴趣，游戏设置中的“快慢调节”和“闯关难度”适应了不同程度学生的需求，有利于促使学生挑战自我，提高键盘基本操作的熟练程度。

●案例 2　学习中文标点符号的输入

教师活动	学生活动	设计意图
(1)打开中文输入法。 ①观察键盘上的逗号、句号键位，由句号样子引出计算机默认一般是英文输入法，要输入中文需要打开中外文输入法。 ②教师演示打开中文输入法——智能 ABC，查看中英文输入状态，并演示输入。 ③板书：打开中文输入法。 (2)可以直接输入的标点符号。 ①提问：你知道还有哪些键能直接输入的中文标点？ ②课件出示分号和顿号的键位。 ③熟悉逗号、句号、分号和顿号的键位。 ④小组竞赛，游戏——“小小炮兵”。 (3)需要组合键输入的标点符号。 ①引导学生回顾还有哪些常用的中文标点符号。 ②鼓励学生在键盘上找一找其他标点符号的位置。 ③介绍双字符键，演示 Shift 键的使用方法。 ④引导学生自学课本 87 页的“常用中文标点符号键位对照表”，了解常用中文标点符号的键位。 ⑤小组竞赛，游戏——“熟能生巧”，练习运用组合键输入常用标点符号。	(1)学生观察键盘发现键面上句号是实心点，不符合中文标点符号的要求。 (2)学生观看教师演示打开中文输入法。 (3)学生根据已有经验尝试回答。 (4)老师说符号，学生直接在键盘上按相应的键位。 (5)学生进入游戏，通过“射击”巩固逗号、句号、分号和顿号的键位。 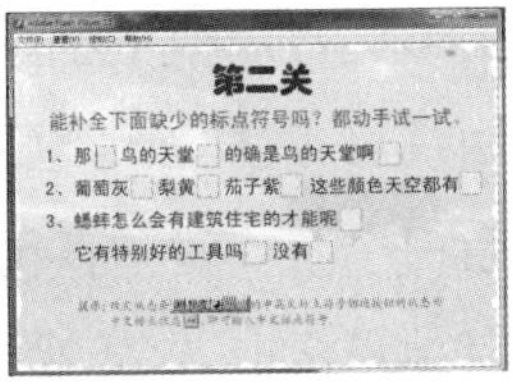 (6)学生再次观察键盘，主动寻找键面上的标点符号。 (7)学生自学课本上的键位对照表。 (8)学生进入游戏，练习运用组合键输入的标点符号。	让学生通过自己的观察发现中英文输入法标点符号的不同。 培养学生认真观察、注意倾听的习惯。 鼓励学生温故知新，在已有知识基础上学习新知。 通过游戏增强学生对标点符号输入练习的兴趣。 让学生联系语文知识储备，自学课本，培养学生自学能力。 通过小组竞赛激励学生练习的积极性，游戏内容具有针对性，省时高效，可以解决学习重点。

该案例中，教师利用游戏激发学生操练兴趣。游戏“熟能生巧”针对本节课的学习重点——中文标点符号的输入，只要求学生运用本节课的知识输入正确的标点符号，而不要输入汉字，大大提高了输入效率，使得练习更有针对性。游戏难度从直接输入标点到给句子加标点，再到给对话加标点，也激发了学生的操练兴趣，达到课堂上高效操练的目的。

4-3 课例3——认识和使用鼠标

分析教学难点或常见问题

2015年第4版教材第1册第1单元的内容是“学会鼠标的使用方法”,认识和使用鼠标是学习计算机的基础。在教学过程中,教师应充分发挥学生的主动性,以引导教学为主,让学生在实践练习和教学游戏中自主掌握鼠标的正确使用方法,进而感受到通过鼠标实现的人机交互的乐趣。

学生在认识和使用鼠标以及操作鼠标过程中,可能会出现以下问题:

●问题表现1

小学生注意力不能持久集中,对于初次使用鼠标的小学生来说,如果没有设置一定的练习或游戏情境,他们会很快厌倦单一的鼠标操作。如果设置一定的情境让学生自由练习,这样教师也不能很好地掌握每个学生的练习环节,因为有的学生喜欢玩一个游戏就一直玩,只能一直练习一种鼠标操作,或者直接将注意力转移到其他目标上,这样就可能会影响到课堂教学目标的实现。

● 问题表现2

对于部分初次使用鼠标的学生来说,由于比较陌生,有些学生可能会对点击鼠标的操作带有一些胆怯心理,害怕点错,不太能很好地理解左键单击、左键双击、长按左键拖动以及右键单击之间的联系和区别。

如何正确将两次单击动作快速、连续地完成为一次双击动作,如何正确理解几种鼠标操作之间的联系和区别,这都需要给学生一定的实践时间,并且设置合适的练习情境,让学生在不同情境中通过比较体会鼠标的不同操作。

解决方法参考

基于本次课例的教学难点及较容易出现的问题,笔者认为,教师应多设置一些合适的情境与任务,让学生通过完成不同的任务,在轻松的情境中进行实践判断与区分，从而正确做出鼠标点击的各类操作。同时，教师还应注意调动学生参与课堂学习的主动性、积极性，可让学生分组，以小组为单位参与课堂学习和完成相应游戏任务。

再者，正确区分和熟练掌握鼠标的各种操作，需要教师给学生作正确示范和引导，并给学生一定的实践练习时间，让他们在教师引导下和游戏练习中，体会领悟到鼠标的正确操作方法。

● 案例1 正确认识鼠标

教师活动	学生活动	设计意图
(1)知识引入。 师：这个长得像老鼠一样的东西，名字叫“鼠标”，它是我们和计算机打交道的一把秘密钥匙。 (2)知识讲授。 ①认识鼠标外形。 拿出若干鼠标，让学生观察鼠标的外形，学生查看时，介绍鼠标外形及组成部分。 	(1)班级学生分组，每组有一个鼠标，观察鼠标外形。	通过实际触摸和感知，激发学生学习兴趣。
②鼠标的正确握法。 投影图片示范及实物示范手握鼠标的正确手势，让学生尝试按鼠标按键，并观察移动鼠标时电脑上鼠标箭头的移动。 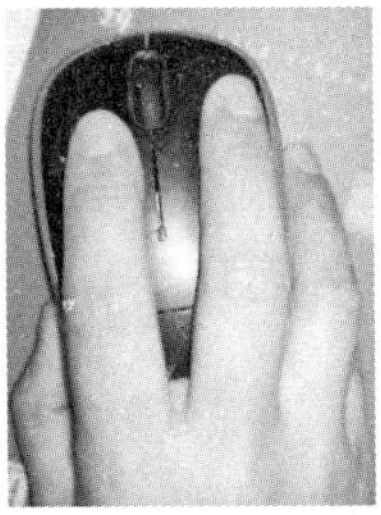	(2)学生分组观察鼠标上按键，并进行区分。 (3)学生分组尝试手握鼠标，并在握持鼠标时，尝试如何按键，并观察鼠标移动。	小组相互协作学习。 实践探索尝试。
③布置任务，让大家参与比一比。 师：看看哪个小组同学握住鼠标的方法最正确，哪个小组同学能说出鼠标握法的要领？ (3)知识小结。 点评各小组表现，总结要点。	(4)学生在任务情境中，动手尝试鼠标握法，并尝试思考和总结鼠标握法的要领。	任务驱动，小组协作。

● 案例2　正确使用鼠标

教师活动	学生活动	设计意图
(1)教师示范鼠标左键双击的操作，讲解双击操作要领，并让学生尝试双击打开桌面上的“我的家”、“小球的家”文件夹图标。  	(1)根据教师对鼠标左键双击操作的讲解，分组实践尝试操作。	设置任务情境，提高学生学习兴趣。
教师巡视并对双击鼠标出现错误的学生进行示范纠正，指出双击要领(两次单击之间要快速、连续完成)，并让小组中已经掌握双击要领的学生，示范给其他还未掌握好的学生。	(2)学生根据教师的进一步讲解以及小组内其他学生的示范，纠正自己的双击操作。	小组协作，提高学生学习积极性。
(2)左键单击及左键拖动操作。 教师讲解鼠标左键单击的作用以及长按鼠标左键并移动鼠标位置的操作要点。 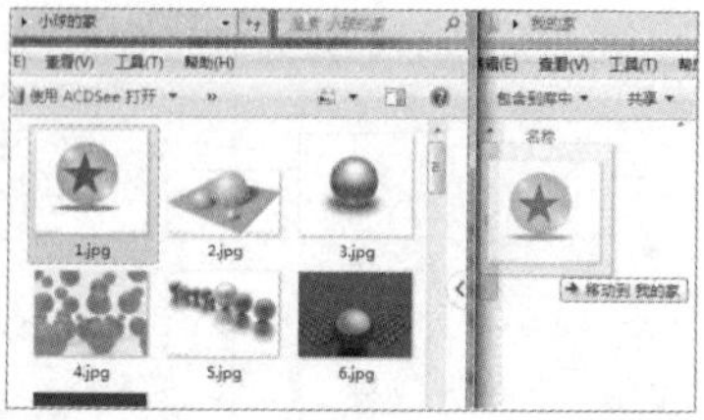 	(3)学生观察教师示范操作。	
教师示范鼠标单击选中“小球的家”文件夹中的小球图片，并长按鼠标左键移动鼠标，完成将小球图片位置移动至“我的家”文件夹中的过程。 设置任务“比一比”：哪个小组能将最多的小球图片移动到“我的家”文件夹中，小组成绩等于每位同学移动小球数量之和。(观察并检验学生分组任务完成情况，鼓励各小组内已经掌握的学生指导未掌握好的学生。)	(4)学生分组执行图片搬家任务，组内每个学生分别完成单击鼠标左键选中图片，长按左键拖动图片至指定位置的操作。	设置情境，提高课堂教学的趣味性和学生学习积极性。
(3)鼠标右键操作。 给学生演示讲解通过鼠标右键可以做哪些事情。设置“变苹果”任务情境，让学生将“一个苹果”变成“很多苹果”，练习鼠标右键对“苹果”图片进行复制、粘贴等操作。	(5)学生在任务情境中练习鼠标右键复制、粘贴图片等操作	任务驱动，让学生主动实践探索。

续表

教师活动	学生活动	设计意图
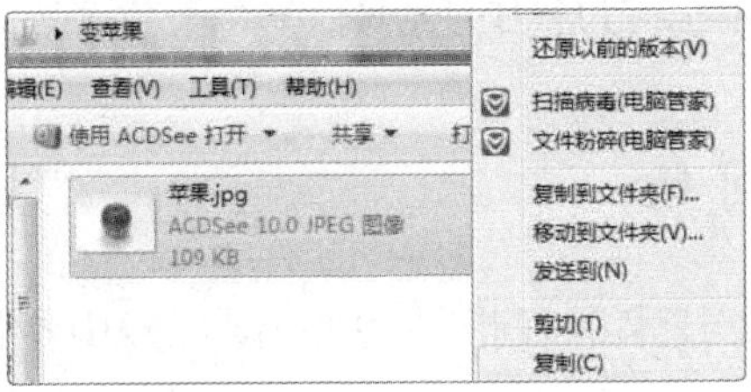 向学生演示鼠标右键也可以完成之前所讲的双击打开图标或文件的功能。 (4)知识内化与课堂小结。		
让学生分组讨论鼠标的几种操作的功能及区别，并让学生发言总结鼠标的几种操作及其功能。 教师点评学生发言，总结课堂知识。	(6)学生分组讨论，总结内化知识。	让学生学会自己思考总结知识。
(5)知识迁移。 ①设置一些练习题，要求学生分析问题，回答可以运用鼠标的何种操作来实现。 ②设置实践练习情境，让学生继续通过实践练习，巩固知识和运用知识解决问题。	(7)学生通过实践练习，学会分析问题和解决问题，完成知识内化和迁移。	通过练习，让学生进一步巩固知识。

● 案例教学思考

第一，注重情景创设，善于抓住学生注意力。信息技术课程的实践性和技能性较强，课堂教学需要学生主动学习，切身实践体会和感知。小学生具有注意力不能持久的共性，教师在教学设计过程中要注意抓住学生的心理，通过创设轻松、愉悦的课堂氛围，让学生主动学、玩中学、学中玩，达到以玩促学的目的。

第二，注重任务驱动、小组协作学习的重要性。小学生比较喜欢参与一些游戏或者比赛的环节，因而把教学目标任务寓于游戏情境中，可以提高学生学习的积极性、主动性。在条件允许的前提下，教师可以让动手能力较强的学生帮助动手能力较弱的学生学习，从而较好地培养学生协作学习的意识。

第三，注重引导学生自主学习。在课堂教学中，教师应注重引导学生自己分析问题、解决问题，注重培养学生自我总结知识、内化知识的能力。

4-4 课例 4——了解计算机在其他学科学习中的应用

分析教学难点或常见问题

教育部 2000 年印发的《中小学信息技术课程指导纲要(试行)》中指出，中小学信息技术课程的主要任务是培养学生良好的信息素养，把信息技术作为支持终身学习和合作学习的手段，为适应信息社会的学习、工作和生活打下必要的基础。然而，在信息技术学科教学中，有的老师重“技术”、轻“素养”，一味地追求信息技术学科的工具性，只关注学生是否掌握了软件的使用方法，是否完成了作品，而忽视了学生的学习需求和学习动力，歪曲了学科的育人目标。

●问题表现 1

《小学信息技术》2012 年第 3 版第 9 次印刷本第 3 册第 3 单元内容是“网络资源助学习”，通过“汉典”“百度”等网站学习搜索引擎的使用方法和技巧。这部分内容体现了计算机技术在语文、美术、音乐等各学科学习中的运用。在教学过程中，教师如果不从学生的学习需求出发设计教学环节，就会大大削弱学生的学习动力，使信息技术课变成学习技术和软件的工具课。例如，第 8 课“课文生字网上查”的导入教学：

师：同学们，语文课老师布置预习作业时，你们遇到生字词是怎么解决的？

生：查字典啊！

师：如果手边没有字典呢？

生 1：问爸爸妈妈。

生 2：问同学。

生 3：……

师：其实我们还可以向电脑求助，借助搜索引擎我们就可以利用网上的“汉语字典”查到生字。今天我们就一起来学习用“汉典”查生字。

（学生被动地跟着老师进入了新课的学习，导致学生的学习兴趣并不高，而且使得学生认为“汉典”就是在没有字典的情况下可以用的查字工具而已。）

●问题表现2

学校课程的育人目标是一致的，学科之间是可以相互融合的，而有的老师并没有认识到这一点，割裂了学科间的纽带，或是不能抓住时机有效利用教学资源。还以第3册第8课为例，巩固练习环节设计如下：

师：我们已经学会了在“汉典”上如何查找生字了，下面我们来练习一下吧。

生：好。

师：把书翻到58页，练习“做一做”中还有三个生字，请你们按照刚才学习的方法查到它们的读音和解释，填在表格里。

（学生利用“汉典”网页查生字。）

教师巡视指导个别学生。

师：同学们，完成了吗？下面请一个同学向大家汇报一下结果。

（学生念出生字的读音和解释。）

师：很好，下面请同学们继续完成第二个练习，利用百度搜索查找到与自己同名的人。

（学生继续操练。）

解决方法参考

设计好课堂教学的情景导入环节，能有效地激发学生的学习兴趣，促使他们主动投入新内容的学习，从而提高课堂学习效率。

● 案例1　“课文生字网上查”导入片段

教师活动	学生活动	设计意图
(1)播放动画(咪尼咪宝在吟诗)。 (2)师：瞧，咪尼咪宝在干什么呢？原来是老师要咪尼和咪宝排练一个经典诵读节目——古诗吟唱，参加学校校园文化艺术节的表演，他们两人拿到了老师给的古诗《元日》，发现好多字不认识。		通过教材中两个卡通角色吸引学生帮助它们解决困难，进而发现网上字典的快捷，从而激发学习动力。

续表

教师活动	学生活动	设计意图
 师：(出示红色生字)你们平时是怎样解决不认识的生字的呢？ (3)根据学生回答，板书查字典的步骤。 (4)师：谁愿意来帮咪尼查字典，找到生字读音？ 老师拿出字典，请一个学生上来查“屠”字，老师用电脑查字。(大屏幕显示教师操作) (5)师：你们想了解电脑中的“字典”吗？这个无声老师神通广大哦！	(1)学生有的说问家长，有的说查字典。 (2)回顾查字典的步骤。 (3)一个学生用字典查字。 (4)通过大屏幕学生发现老师很快查到生字“屠”的读音、解释，很钦佩，纷纷询问老师是怎么查的。	复习部首查字法查字典的步骤是融合了语文学科知识，为后面在网上汉语字典查找生字做好知识迁移的准备。

●案例2：“课文生字网上查”巩固拓展片段

教师活动	学生活动	设计意图
(1)小组竞赛，要求学生小组合作把剩下的三个生字的字音和意思都查出来，填在书上表格里，看哪一组最先完成。 (2)小组内相互交流。 (3)拓展延伸。 师：咪宝在朗读中发现生字会读了，但有些词语还不是很理解，如“屠苏”“新桃”，怎么办呢？ 师：读着这首古诗，你能联想到那个辞旧迎新的场景吗？你还会用一些成语来表达相近的意思吗？ (如果学生能说出来很好，如果说不出来老师就给几个让学生到“汉典”的成语中去查看意思来验证。如辞旧迎新，一元复始，万象更新……) (4)师：在大家的帮助下，咪尼咪宝终于顺利地参加了经典诵读的表演，你们听…… (播放视频，到第二遍的时候鼓励学生一起吟唱。)	(1)利用“汉典”查找生字读音和解释。 (2)组内朗读，读通、读顺古诗，根据字义大致理解诗的含义。 (3)聪明的学生能够发现导航栏里的“字典”后面就是“词典”选项，经过尝试很快查到了词语的解释，再次体验到成功，同时对诗意有了更进一层的理解。 (4)利用“汉典”查找近义词。	竞赛活动可以增加练习的紧张气氛与趣味性，让学生及时巩固，举一反三。朗读和理解可以进一步体现信息学科的人文性，不只是单纯学技术。 这个环节的设计既是对“汉典”网页的深入应用，也是增强学生对古诗美好意境的感悟。

续表

教师活动	学生活动	设计意图
(5)师：浩瀚的网络给我们提供了很多资源，只要我们像咪尼咪宝一样，凡事喜欢问个为什么、怎么办，多开动脑筋，大胆尝试，就能发现很多解决问题的途径。瞧，今天咪尼咪宝不就和我们一起学会用网上词典查生字了吗？	(5)跟着视频一起吟唱古诗。	这个环节是对课堂导入部分的一个呼应，一起吟唱也将课堂学习氛围推向高潮，学生在优美典雅的古诗韵文中感受古诗的美，同时体验成功的快乐。

5 中学信息技术课例研究

5-1 课例1——获取信息

分析教学难点或常见问题

九年级上册《信息技术》教材第1单元“活动1 信息需求的分析”，讨论了人们在日常生活中，在正确获取信息之前信息需求分析的过程。这部分知识偏理论，比较抽象，要让学生较好地学习掌握，教师需要通过合适的任务进行驱动引导。在教学过程中，可能会出现问题表现如下：

●问题表现1

师：“今天我们来学习信息需求的分析。”

生：“为什么要学这个？学习这么枯燥的知识有什么作用？”

对于初中生来说，学习动机和兴趣非常重要。如果教师设置一定的任务或情境导入新课，可能会给课堂教学带来不一样的效果。

●问题表现2

确定信息需求之后，学生需要获取信息。在获取信息过程中，对于多种获取方法的取舍问题的判断也是难点。

解决方法参考

基于本次课例的教学难点及较容易出现的问题，笔者认为，在教学过程中，一方面教师要注意调动学生学习兴趣，另一方面教师应当针对具体问题具体分析，灵活作出教学指导，不能进行模式化教学。

●案例1　信息需求分析

教师活动	学生活动	设计意图
(1)知识引入。 教师想制定一个五一出游方案，需要查找哪方面信息内容，如何制定方案？	(1)班级学生分组，每组进行讨论。	任务驱动，引发学生学习兴趣。
(2)知识讲授。 教师根据学生讨论情况，列出确定信息内容、确定信息类型、确定信息来源等知识点。	(2)学生学习相关知识。	小组相互协作学习。
(3)任务驱动。 让各小组分别运用所学知识帮老师分析旅游方案所需要的信息内容、类型及来源。	(3)学生分组尝试分析方案信息，体验信息需求分析。	
(4)知识小结。 小组汇报，教师点评，并总结信息需求分析要点。	(4)知识内化。	归纳提升。

●案例2　信息获取方法的灵活运用

教师活动	学生活动	设计意图
(1)提出问题。 我们通过网络查询了信息需求所涉及的旅游景点图片、景点介绍文字信息。关于出游交通以及住宿相关信息，网络上列出了方案。另外，从同校去过同一旅游地的班级也可以提供交通和住宿信息。那么该如何选择信息获取的方法？	(1)学生思考问题。	任务驱动，引发学生思考。
(2)分析问题。 教师根据学生讨论结果，综合分析，是该通过网络获取交通及住宿信息，还是从其他班级处询问信息？	(2)学生分组讨论、分析问题。	小组相互协作学习。
(3)任务驱动。 教师提出综合获取信息的方案，对多种方法获取的信息进行整理加工，制定出适合自己实际情况的计划。 学生分组，筛选并整合不同方法获取的信息，制定完整计划。	(3)学生学习并实践尝试使用多种信息获取方法，筛选整合信息，制定计划。	实践提升。
(4)知识小结。 小组汇报，教师点评，并总结信息需求分析要点。	(4)知识内化。	归纳提升。

第3部分

“操作系统简单介绍”模块课堂学习与课例研究

3

1 学业标准要求

3-1 国家纲要要求及安徽省现今教学有关要求

国家纲要要求

教育部2000年发布的《中小学信息技术课程指导纲要(试行)》中,列出了小学信息技术阶段"模块二——操作系统简单介绍"的教学要求如下:

(1)汉字输入。

(2)掌握操作系统的简单使用。

(3)学会文件和文件夹(目录)的基本操作。

同时,纲要对初中信息技术阶段"模块二——操作系统简介"提出以下教学目标要求:

(1)汉字输入。

(2)操作系统的基本概念及发展。

(3)用户界面的基本概念和操作。

(4)文件和文件夹(目录)的组织结构及基本操作。

(5)操作系统的简单工作原理。

安徽省现今教学有关要求

根据教育部《中小学信息技术课程指导纲要(试行)》的精神,并结合本省小学信息技术阶段教育的特点,安徽省在对国家指导纲要的解读中,列出了小学信息技术阶段“操作系统简单介绍”模块的教学内容及要求如下:

模块二——操作系统简单介绍

(1)掌握操作系统的简单使用方法。

(2)学会一种汉字输入方法。

(3)学会文件和文件夹(目录)的基本操作。

1-2 小学信息技术纲要解读及分析

结合国家指导纲要及安徽省对国家指导纲要的解读,我们认为小学信息技术课程“操作系统简单介绍”模块,旨在建立学生对计算机的感性认识,让学生了解信息技术在日常生活中的应用,初步培养学生学习、使用计算机的意识和兴趣;让学生初步感受计算机带来的便捷和人机交互的乐趣,为后续知识内容的学习做好铺垫。

根据纲要及教材内容,我们将“操作系统简单介绍”模块的教学目标具体细化如下:

(1)掌握操作系统的简单使用。

①让学生学会自己给计算机设置桌面背景,设置屏保。

②通过控制面板学会建立计算机账户,给计算机设置开机密码。

③学会安装软件以及卸载不需要的软件等。

④学会下载安装安全防护软件以及使用安全防护软件对计算机进行简单防护等。

(2)汉字输入。

①了解常用的输入法。

②正确使用“智能 ABC 输入法”输入汉字以及标点符号等,通过文字输

入进行人与人之间的通讯交流。

(3)学会文件和文件夹(目录)的基本操作

①学会打开以及保存文件,能在特定目录下新建文件及文件夹。

②学会使用多种方式查看文件。

③学会对文件及文件夹进行剪切、复制、粘贴、重命名以及移动等基本操作。

④学会通过文件名称快速查找到文件所在计算机中的位置等。

1-3 中学信息技术纲要解读及分析

结合国家指导纲要及安徽省对国家指导纲要的解读,我们认为初中信息技术课程"操作系统简介"模块,是对小学信息技术课程"操作系统简介"模块的深入学习。根据纲要及教材内容,我们将初中信息技术"操作系统简介"模块的教学目标具体细化如下:

(1)汉字输入:要求学会熟练使用输入法输入汉字。

(2)操作系统的基本概念及发展:要求学习并了解计算机操作系统的基本概念、发展概况等理论,能够区分不同版本的操作系统。

(3)用户界面的基本概念和操作:要求熟悉了解操作系统用户界面,掌握用户界面的基本概念和相关操作。

(4)文件和文件夹(目录)的组织结构及基本操作:要求学会对文件以及文件夹进行分类整理存放,掌握文件夹组织结构,对文件和文件夹进行有序管理。

(5)操作系统简单工作原理:通过实际问题,了解操作系统的简单工作原理。

2 小学信息技术学习关键问题及指导

2-1 操作系统的简单使用

"操作系统的简单使用"这部分知识,重在让学生对计算机系统的使用有初步的感性认识,引导学生进入计算机世界的大门,掌握对操作系统的基本使用方法。

在教学过程中，教师可以采取演示法、实践教学法等教学方法。进入操作系统桌面后，教师向学生演示介绍桌面图标、“开始”按钮、任务栏以及桌面背景。

教师还可以给学生欣赏优美的图片，并设置情境，让学生思考如何将优美的图片设为桌面背景。除此之外，教师可以给学生简单讲解屏幕保护的功能，分别演示如何设置屏幕保护以及如何将图片设为桌面背景。

在教学活动中，教师可以让学生实践探索操作系统桌面各功能，并进行巡查了解学生学习掌握情况。

教师运用投影设备，给学生讲解操作系统的控制面板，让学生认识控制面板，学会建立计算机账户、给计算机设置开机密码以及卸载不需要的软件等。另外，教师还可以给学生简单介绍如何安装和使用安全防护软件对计算机进行简单防护等。学生以小组分工协作的方式，通过实践练习掌握控制面板中的各个操作，分组中要注意让每个学生参与实践。

2-2　使用汉字输入法打字

小学阶段“汉字输入”要求学生首先掌握输入的指法，即在用键盘打字时，要求学生使用正确的指法，并能通过使用键盘定位键保持正确的打字姿势。教师可指定一段特定的汉字单字、词组和句子，分别演示如何从输入拼音找到符合预期的输入结果的过程，并设置合适的任务情境，引导学生主动探索任务问题，指导学生进行相关实践练习，重视小组协作。在教学过程中，教师应要求学生多练习、多体会，循序渐进地掌握汉字输入方法，通过不断练习提高键盘操作的熟练度。

另外，在教学过程中，教师还要注意向学生演示并讲解如何开启和切换输入法，因为初步接触汉字输入，开启和切换输入法也是比较关键的问题，应当要求学生记忆相关操作的快捷键。对于掌握较慢的学生，教师可让学生分几个小组，相互之间进行协作学习和指导。

2-3 文件和文件夹的基本操作

小学阶段，信息技术纲要要求学生掌握文件和文件夹的基本操作，例如：创建、重命名文件以及文件夹，查看文件以及文件夹的属性（创建时间，更改时间、大小等）。在教学过程中，教师应当合理运用投影仪，演示讲解文件及文件夹相关基本操作，以及必要的注意事项。例如，创建文件夹时，操作系统会默认给文件夹命名，当重命名文件夹时，操作系统要求同一目录下的文件夹不能重名，如果重名系统会给出提示等。

不同类型文件有不同后缀名，操作系统通过后缀名标示文件应该由何种程序打开。在教学过程中，教师可以演示讲解如何在文件夹中创建不同类型的文件，包括文本文件、Word 文件等，并演示讲解如何查看不同类型文件的属性（创建时间，更改时间，大小，文件类型等）。新建文件时，操作系统会给新创建文件默认的文件名，教师演示如何更改文件名，新的文件名不能和同一目录下已有文件名重名。

对于文件和文件夹的“移动、复制、剪切、粘贴”等，以及如何查找文件等操作，学生应当实践练习、熟练掌握。在教学中，教师可以设计相应的任务，让学生通过完成任务学会如何正确“移动、复制、剪切、粘贴”文件及文件夹，学会如何通过文件以及文件夹全称或部分名称对其进行查找，对于特定类型文件，可以通过后缀名进行查找。

教师通过设置情境、采用任务驱动的方法，可以让学生在实践练习的过程中较好地记忆并掌握文件与文件夹的相关操作。

3 中学信息技术学习关键问题及指导

3-1 汉字输入

对于键盘输入及汉字输入这方面知识，学生在小学阶段已经有了初步接触。在中学阶段，七年级上册《信息技术》教材第 1 单元，分别通过“活动 3 规范英文输入”和“活动 4 轻松输入中文”这两项活动，一方面对键盘输入指法再次进行了规范讲解和练习，另一方面对使用输入法输入汉字单字、词组以及标点符号等方面进行了强化讲解。现今汉字输入软件种类繁多，在教学过程中，教师可以首先了解学生知道有哪些输入法软件，学生用得较多的是哪种输入法，然后简单介绍几种常用的汉字输入法。无论使用哪一种输入法，最重要的是要让学生掌握汉字输入技能。

3-2 用户界面的基本操作

使用计算机时，我们一般是与计算机界面中显示的某个特定窗口进行交互，所有呈现出来的窗口都属于用户界面。用户界面中提供了很多按钮或命令菜单等，让用户与计算机进行交互，比如进行输入或者单击某按钮完成特定功能或任务等。

七年级上册《信息技术》第 1 单元“活动 2 初用我的电脑”，要求学生通过使用“日期和时间”“计算器”等程序，以及认识“我的计算机”窗口、菜单等活动初步体验我的电脑；通过更换桌面背景和屏幕保护程序，完成个性化桌面设置，让学生进一步体验计算机界面。

用户界面这方面知识，重在让学生自己动手体验，教师注意任务驱动及实践指导。

3-3 文件和文件夹(目录)的组织结构和基本操作

初中阶段对“文件和文件夹”这部分知识有了进一步要求，要求学生会运用“文件和文件夹”相关知识，对信息进行备份及分类管理等操作。这部分知识的教学比较方便设计案例，也适合任务驱动。在教学过程中，教师可以设计相关案例，将“文件和文件夹”相关操作都贯穿在任务中，让学生通过完成任务掌握文件及文件夹分类管理相关操作，了解计算机磁盘分区等基本理念。

3-4 计算机账户管理

在学生对电脑使用以及信息管理与信息备份等方面知识的学习与掌握的基础上，教师可结合学生对信息的管理与保护意识，进一步培养他们对于电脑系统安全设置方面的意识。在教学过程中，教师可以设计任务需求，有针对性地讲解计算机账户密码设置的必要性以及相关操作等知识。

4 小学信息技术课例研究

4-1 课例 1——拖动鼠标玩纸牌

分析教学难点或常见问题

2015 年版 2015 年第 1 次印刷本第 1 册第 1 单元第 4 课“拖动鼠标玩纸牌”是鼠标操作练习的最后一课，安排的内容是鼠标的拖动操作。本课的设计意图是让学生通过玩纸牌游戏，练习鼠标的拖动操作。纸牌游戏是学生接触的第一个复杂游戏，第一次玩，想取得胜利有难度，可能一节课没有同学通过。因此在教学时，教师容易把教学重点放在纸牌游戏介绍上而忽略了拖动操作的学习。

解决方法参考

纸牌游戏规则相对复杂，学生如果享受不到胜利后的喜悦，容易打击其积极性。因此在本课教学时，教师可以选择学习其他更有趣味性、规则相对简单的游戏。教师有能力的话，也可以根据教学需要，自己制作一个简单的鼠标拖动小游戏。

●案例

第一，利用生活，完成迁移。

教师活动	学生活动	设计意图
(1)师：拖动操作是在使用电脑时比较常用的一种操作方法。比如移动图标、移动窗口、绘画、玩游戏等，需要移动某个对象的位置时就要使用到拖动操作。 师：那么怎么才能正确完成鼠标的拖动操作呢？我们先来看看在现实生活中是怎么移动一个物体的。 (2)教师演示在现实生活中移动物体的步骤。 师：请看在这里有一个小球，我想把它移动到右侧的这个位置，非常简单只需一秒即可完成。下面我把速度放慢，请仔细观察老师的手都做了哪些动作。 (3)师：看清楚了吗？老师在移动小球时做了几个动作？ 师：请看当我想移动这个小球时，首先要把手放到小球上面，然后抓住小球，接着通过移动手带动水杯移动，最后放开手。 师：在现实生活中要移动一个物体大致分为四个步骤(课件出示)： 指向目标——抓住目标——移动目标——放开目标。 (4)师：现在请同学移动下鼠标，仔细感受下移动物体时具体步骤。	(1)学生认真观察在现实生活中移动一个物体时的具体步骤。 (2)学生讨论，回答。 (3)通过移动电脑桌上的鼠标，体验移动一个物体时的具体步骤。	鼠标的拖动操作是初学者的操作难点，也是使用计算机时比较常用的操作之一。 在教学时不能生硬地告诉学生应该怎么做，而是先让他们真实感受在生活中怎么移动一个物体。把生活中的已有认识迁移到教学中，可以让学生在潜移默化中学习新知，理解要领。

第二，形象操作，深入理解。

教师活动	学生活动	设计意图
(1)师：我们在使用鼠标进行拖动操作时也可以参考以上四个步骤。如果把鼠标指针换成一个机械手的话，你会发现在电脑中移动目标和在现实生活中移动水杯的过程是相同的。	(1)学生认真观察，对比体会在计算机中如何利用鼠标进行拖动操作。	

续表

教师活动	学生活动	设计意图
课件演示： 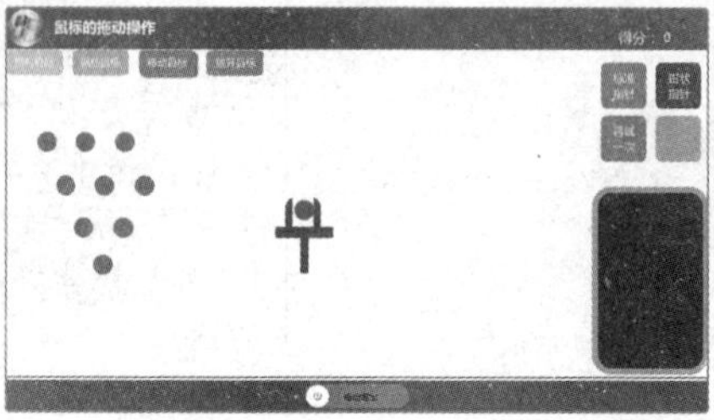 师：下面先看老师演示，我想把红色小球移动到右侧的篮筐。第一步指向目标，把机械手鼠标移动到红色小球里。第二步抓住目标，只要按住鼠标左键不放开，鼠标就能把小球牢牢抓住。第三步移动目标，抓住小球之后通过移动鼠标带动小球移动到相应位置，注意在移动时要一直按住鼠标左键不能放开。第四步放开目标，当小球移动到篮筐中后，松开鼠标左键完成整个拖动操作。 (2)师：是不是很简单呢！下面请你们来试一试！	(2)学生操作，利用教学课件中的机械手鼠标移动小球。	先利用教学课件中的机械手让学生感受鼠标拖动操作时的具体过程，深入理解操作要求，循序渐进，由浅入深。

第三，观察对比，掌握要领。

教师活动	学生活动	设计意图
(1)师：如果把鼠标指针变成正常的形状，你还会操作吗？ (2)课件演示： 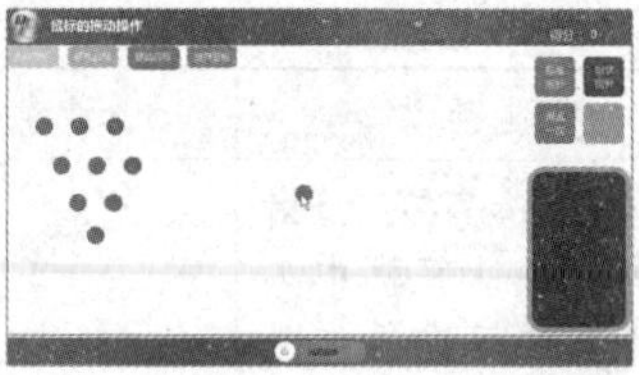 师：虽然指针的样子变了，但拖动操作的步骤还是一样的。首先指向目标，注意，在这时并不是一定要把指针完全移动到目标里面去，只要指针的头部处于目标里面就可以了。然后按住鼠标左键不放开，移动鼠标，到达预定位置后，松开左键完成整个拖动操作。	(1)学生使用正常的鼠标指针进行拖动操作。	有了之前环节的铺垫，学生在使用正常的鼠标指针进行拖动操作时就更得心应手了。

4-2 课例 2——观看影片伴成长

分析教学难点或常见问题

2015 年版 2015 年第 1 次印刷本第 1 册第 2 单元第 7 课“观看影片伴成长”，教学内容是用视频播放软件来观看动画片，先从找到动画开始，再选择适当的视频播放软件，控制动画片的播放，包括进度调整、音量调整及窗口模式的调整。

●问题表现 1

从技术上，本课教学内容及操作技术非常简单，只有三步：找到动画片、打开动画片和观看动画片。经过之前 6 节课的学习，学生已经对打开文件的方法有了固定的认识，即通过双击打开文件，而在本课学习中却要通过右击，选择一种播放软件观看动画片。许多教师在处理本环节时容易照本宣科，只是告诉学生如何操作，而不讲为什么这样操作。这样会导致学生一直带着疑惑：明明通过简单的双击就可以打开，为什么还要右击再选择打开方法呢？

●问题表现 2

喜欢看动画片是小学生的共性，因而上本课时学生兴趣非常高。如何把学生的注意力转移到课堂中，顺利完成教学任务，如何稳定学生过于激动的情绪，控制好课程教学的秩序，这些都需要教师在设计教学活动方面下足功夫。否则，就会出现在课堂上，教师在上面侃侃而谈，学生在下面自顾自地看动画片，全然不知老师在说什么的现象。轮到学生自己动手操作解决问题、完成任务时，他们却又不知从何入手。

解决方法参考

中低年级学生在意识水平发展上还不够成熟，他们热衷模仿、想象力丰富，形象思维占主导作用。小学生都很喜欢看动画片，很多学生对很多动画片耳熟能详，对很多动画角色崇拜至极。教师在教学时可以利用学生熟悉的动画片人物进行情境创设，让学生随着故事情节的发展逐渐进入角色，这样学生既动手又动脑，又完成各个教学内容，从而达到教学目标。

●案例

第一，创设情境，导入课题。

教师活动	学生活动	设计意图
(1)师：同学们，你们每天晚上做完作业之后都想做些什么？ 师：我知道很多同学在做完作业之后都想看会儿动画片，你们现在都比较喜欢看哪些动画片呢？ (2)师：现在给同学们放几段音乐，请大家来猜一猜这是哪一部动画片里的主题曲？ 课件播放动画片主题曲 (3)师：今天我也给同学们带来了《喜羊羊与灰太狼》的动画片，就存放在我们的电脑里，同学们想不想看看？	(1)学生回答。 (2)《哪吒传奇》 《西游记》 《喜羊羊与灰太狼》 (3)想(高兴)。	利用学生喜欢的动画片吸引学生的注意力，激发学习兴趣，在谈话与游戏中拉近学生与教师之间的距离。

第二，找到动画片。

教师活动	学生活动	设计意图
(1)师：如果你是动画片里的灰太狼，而动画片就是小羊，想一想，要想成功捉住小羊，需要哪些步骤呢？ (2)师生讨论，制订“捉羊计划”： 知道小羊住哪——接近小羊——利用工具捉住小羊。 (3)师：现在就告诉大家，小羊就住在D盘的“动画片”文件夹里，赶快去找到它吧。	(1)学生回答。 (2)学生讨论，制订计划。 (3)学生在自己的电脑上找到动画片。	通过制订“捉羊计划”暗示学生观看动画片的基本步骤，并将这一计划贯穿整个教学活动。

第三，选择播放器。

教师活动	学生活动	设计意图
(1)师：现在我们已经找到小羊了，但现在有一个问题：我们想去捉羊，但是小羊们都躲在有很高围墙的羊村里，你会用什么方法什么工具捉到它们？ (2)师：刚才同学们想到了很多方法，有用大炮的，有开飞机的等。其实看动画片也有很多软件，平时我们常用的有 Media Player、暴风影音、QQ 影音、PPS 等。每种软件的界面、功能和操作方法都有差异，而我们只需要选择一种我们喜欢的、用着习惯的就可以了。	(1)学生发挥想象，激烈讨论。	学生在扮演卡通人物中主动探究新知，让学习成为学生的快乐之旅。

续表

教师活动	学生活动	设计意图
师：平时我们双击打开文件，其实是由电脑自动为我们选择软件打开。那么如何选择我们想用的播放软件呢，请同学们看老师操作。 (3)教师演示移动鼠标指向动画片文件图标上并右击，然后在弹出的菜单上移动鼠标指向“打开方式”，再在子菜单上单击“暴风影音”。	(2)认真观看选择播放器的方法。	

第四，巩固练习。

教师活动	学生活动	设计意图
(1)师：同学们动画片好看吗？下面我们做个游戏好不好！游戏的名字叫“听话的灰太狼”。现在，你们就是动画片中的“灰太狼”，老师就是能管住你们的“红太狼”。 (2)师生进行“听话的灰太狼”游戏：“红太狼”不断给“灰太狼”发号施令： 吵死了，还让不让人睡觉呀！全部都给我暂停。 我看得好好的动画片谁让你们停的，再给我播放。 放广告了没看到吗，给我快进。 你们几个画面这小我怎么能看到！给我放全屏！ 一个个的画面都这么大，你们以为是在电影院？把全屏都给我退出来。 ……	(1)好(兴奋)。 (2)学生在忘我投入游戏中，进行各种操作。	做游戏主要是为了防止学生只专注于看动画片，不能对所学技能加以巩固。

4-3 课例3——使用输入法输入汉字

分析教学难点或常见问题

2014年第6次印刷版教材第2册第3单元的教学内容是“汉字的输入”。根据《中小学信息技术指导纲要》小学阶段的教学目标要求，小学生需要“初步学会使用网络获取信息与他人沟通，能够有意识地利用网络资源进行学习并发展个人的爱好和兴趣”，而使用输入法输入汉字是网络沟通以及搜索查找网络资源的一项基本技能。

如何使用拼音输入法输入汉字，这部分知识点要求学生有一定的拼音基础，在此之前学生已经学习了键盘的一些基本操作，能够使用键盘熟练地输入大小写英文字母、数字以及各种符号等。在后续课程学习中，学生将会运用到输入汉字这一基本技能。因此，学习该部分内容是一个承上启下的关键环节。

●问题表现 1

学生在学习该部分内容的过程中可能会遇到一些问题。例如，学生可能会找不到电脑输入法，或者遇到无法切换输入法的情况，这种情况对于成年人来说都可能会遇到，所以对于初学输入法的小学生而言，必然也在所难免。

●问题表现 2

在输入汉字的过程中，很多学生一个字一个字地输入，不懂得采用更方便快捷的词汇输入，导致输入词组的效率较低，比较浪费时间。

解决方法参考

学生在学习汉字输入知识过程中，遇到的问题可能繁杂多样，因而课堂上需要教师灵活处理和指导。一般情况下，教师可以采取以下三种方法：第一，通过演示示范给学生作正确指导；第二，学生分组学习，组内之间相互协作，共同解决个别同学出现的一些问题，提高学习效率；第三，设置情境，任务驱动，让学生在娱乐中主动积极地学习。针对以上两个问题表现，教师可具体参考以下这两个问题的相关案例。

●**案例 1 “如何切换输入法”教学活动设计**

教师活动	学生活动	设计意图
(1)引入问题。 师：我们班有几个同学遇到了一个问题：在使用电脑打字的时候，发现在任务栏右下角的输入法是自己不熟悉的输入法，原来使用的输入法选项找不到，该怎么办？ 师：还有的同学使用输入法打字时，打出来的都是英文字母，不是中文汉字，这该怎么办？请大家帮忙解决一下这两个问题。 让学生小组讨论，说说该怎么解决。	(1)分小组讨论交流讨论输入法不见了以及打出来的不是中文汉字该怎么处理。然后每组给出方法。	引导学生讨论交流，主动探索问题。

续表

教师活动	学生活动	设计意图
(2)解决问题。 根据学生的讨论发言情况,教师讲解切换输入法以及中英文切换的正确操作,并创设情境,布置任务,要求学生帮忙切换某台计算机上的输入法。 (3)问题总结、布置练习。 归纳总结,布置练习题,让学生通过习题巩固知识点。如: 练一练 下列操作中,能在各种中文输入当间切换(　　) A. Ctrl+Shift　B. Shift+Space C. Alt+Shift　D. 鼠标左键单击输入法方式切换按钮	(2)观察教师演示正确操作,并实践体验。 (3)学生练习巩固知识。	通过实际体验,让学生切身感受解决问题的成就。 通过习题让学生巩固知识。

●案例2:“汉字词组输入”教学活动设计

教师活动	学生活动	设计意图
(1)引入问题。 师:大部分学生打字都是一个字一个字地打,这样速度比较慢,如何以较快的速度输入多个词组或成语呢?大家可以尝试一下,看看能不能发现一个好办法。 (2)问题解决。 ①学生发言提出解决方法,教师点评,并讲授词组输入的操作方法。 ②布置“词组接龙”游戏,要求学生分组书写词组,下一个词组的第一个字为上一个词组最后一个字,看哪个组在规定时间内输入的正确词组数量最多。 ◆词组接龙 打开　开始　始终　终于　于是　是否　否定 常识　识别　别走　走道　道理　理财　财富 (3)问题总结、布置练习。 ①让学生分组总结词组输入方法,教师对各组的总结进行点评,并对知识加以补充总结。 ②布置练习任务,让学生练习输入汉字词组或成语。	(1)学生分组尝试并讨论快速输入词组、成语的方法。 (2)分组实践体验以最快速度输入正确词组的操作。 (3)自己总结知识,并进行实践练习。	提出问题,让学生主动探究。 通过游戏方式吸引学生注意力和激发学生兴趣,让学生体验并掌握如何更快地输入词组。 让学生通过实践进行知识巩固。

●案例教学反思

第一，让学生讨论交流，共同分析问题，寻找解决问题的办法，培养学生协作学习的意识。教师在问题探究中充当引导者角色，创设合适的情境，引导学生主动思考问题，找到解决问题的办法。

第二，情景与任务驱动融合，让学生在学习情景中积极主动地探究问题，变被动学习为主动愉快学习，在实际操作中主动探索掌握知识的要领。

4-4 课例4——认识文件和文件夹

分析教学难点或常见问题

Windows 操作系统的重点是文件管理，而文件与文件夹是进行文件管理的基础，并且贯穿以后整个文件管理的知识教学，是学生能够顺利、快捷操作管理电脑中文件的基础之一。学生从三年级就要开始接触文件、文件夹、盘符、文件路径等这些概念，但对小学生来说，这些计算机专业术语是很抽象的，因此怎么让学生正确理解和掌握这些概念是一个难点，对学生今后使用计算机十分重要。

●问题表现1

在教师进行“文件管理”这部分内容教学时，学生已经对操作系统有了一定的认识。教材将本单元安排在“画图”“Word”模块之后，这样就使得学生在前面的学习中对文件的操作有了一定的感受，如保存、打开自己的作品等。但他们还普遍存在概念混淆、操作不规范等问题，如个人资料乱存放，文件命名随意，喜欢随意修改他人的文件名或删除他人文件等现象。因此，对文件的有效管理等操作系统的基础操作技能，需要教师对学生进行细致的辅导与训练。但在教学中，有些教师在提醒学生规范操作的同时，自己的文件却保存混乱，经常会把课件等资源存放到系统桌面上，而且在演示过程中，对文件或文件夹命名也随意。教师的一言一行都是教育，要求学生做的教师首先要带头做到，教师要注重每一次示范操作的规范性和严谨性。教师在帮助学生掌握扎实的操作基础的同时，也要培养他们良好的学习习惯，这样才能有助于学生的终身发展。

●问题表现 2

盘符、文件路径是计算机教学的一大难点，内容抽象，学生理解上会有困难。于是，很多教师在遇到和路径相关的问题时，只是告诉学生先打开什么再打开什么就能找到所需的文件。看似这种教学方法很简单地解决了问题，但是学生却非常茫然，只会跟着老师或课本做，遇到了其他问题便不知所措，错误屡见不鲜，不利于今后学习和使用计算机。

●问题表现 3

在 2011 年版 2013 年第 2 次印刷本第 3 册第 2 单元第 5 课“文件之家在哪里”的教学中，很多教师为了赶进度，容易把重点放在文件的查看方式及文件的搜索方面，而对于文件和文件夹的讲解一带而过，导致大部分学生可能是在茫然困惑中进行学习，教学效果不佳。

解决方法参考

学生对抽象的问题大多会有些恐惧感，这时教师就要将其形象化、具体化，把抽象的问题化为学生日常生活中可以接触到的事和物，这样学生更容易接受和理解。

●案例 1(约 5 分钟课堂教学时间)　认识路径和盘符

教师活动	学生活动	设计意图
(1)提出问题：在我们的学校里有一张王小明跳绳的照片，你知道该怎么找吗？ (2)师：如果老师告诉你详细的位置，你能按照地址找出照片吗？ 出示课件：南教学楼\三 3 班\图书柜\活动照片档案盒\王小明跳绳照片。 (3)师：在生活中如果想找一件东西就要知道它具体的存放位置。我们的电脑也会保存很多文件，为了能找到不同的文件，就必须明确每一个文件存储的位置。用同样“按照地址找住处”的方法，你也能找出“文件的存处”。 出示课件：D：\2015 年活动资料\照片\跳绳.jpg	(1)学生讨论后得出：不知道照片的具体位置没法找到。 (2)如果有具体位置就能很快找到照片。	

续表

教师活动	学生活动	设计意图
(4)师:在计算机中文件的存储位置是用一串反斜线“\”进行分隔表示的,我们把它称为路径,就是你要找到它所走过的路。我们只要按照文件路径一层层打开相应的文件夹就可以在计算机中找到需要的文件。 (5)师:你知道文件路径中的“D:”是什么意思吗? (6)师:想一想,我们的学校里有教学楼、办公楼、艺术楼。为什么要分得这么详细呢?这样划分的好处是什么呢? (7)师:我们把校园分成若干独立的区域决不为了把学校搞得乱七八糟,相反,因为每个独立区域都有自己不同的用途,划分事实上是为我们带来了便利。 师:计算机中存储的文件非常多,为了便于管理和使用,人们一般都会把硬盘分成一个一个的相对独立的区域,如本地磁盘C、本地磁盘D、本地磁盘E等。而这些区域通常用大写字母加冒号表示,即盘符。 (8)出示任务:按照给出的文件路径在计算机中找到相应的文件。 D:\成长照片\3岁\公园.jpg E:\下载\图片\秋天的田野.jpg	(3)通过观察对比初步了解文件路径。 (4)学生讨论交流。 (5)自己动手在学生机上找到指定的文件,并相互帮助,共同学习。	将抽象问题具体化。对于初学者来说,计算机中的文件好像藏在一个无底洞里,无从下手。但是如果将文件所在的地址具体化,学生便能很容易找到文件。这样恰当的处理,有利于学生消化计算机难以理解的文件路径概念。

●案例2(约5分钟课堂教学时间)　认识文件和文件夹

教师活动	学生活动	设计意图
课前准备一个大档案盒,里面装一些乱七八糟的图片、作文稿件和视频光盘,再准备几个小档案盒。 (1)师:老师先请大家帮个忙,前些天打印了一张非常漂亮的梨花照片,放在了这个盒子里,想让大家欣赏下。但是因为时间关系,没来得及找到,请同学帮忙找一找好吗? 先请一名同学找,教师注意学生的表现以及言谈,如果有同学说出“乱”、“分类”等一些表示,教师及时抓住。	(1)一位同学在在乱七八糟的大档案盒里找梨花图片,其他同学观察讨论。	文件和文件夹的概念很抽象,这样游戏活动的方式有利于学生的理解,分解教学难点,同时蕴含着文件夹的作用及文件分类管理的思想,为之后的教学作铺垫。

续表

教师活动	学生活动	设计意图
(2)老师拿出小档案盒，让学生先按“图片、作文、视频”分类，然后再找。最后让学生比较哪种方法好，并及时表扬那些出谋划策的同学。	(2)对资料分类整理。	
(3)师：像我们刚才看到的一张图片、一篇作文稿件和一部视频，我们都可以称之为文件。每一台计算机里都有成千上万个文件，考虑到对文件的管理，我们也可以对它们进行分类，把文件放在计算机内的档案盒里，而且把这些档案盒取名叫“文件夹”。 课件展示文件和文件夹图标。	(3)认真观察对比文件和文件夹图标。	
(4)出示任务：打开 D 盘数一数有几个文件，几个文件夹。	(4)打开 D 盘查看文件和文件夹个数。	

4-5 课例 5——安全防护用软件

分析教学难点或常见问题

随着信息技术在生活中的普遍应用，电脑的数据安全变得越来越重要，为了避免数据的丢失或被破坏，学会用安全防护软件解决电脑中存在的安全问题至关重要。要想让学生在计算机的使用过程中能学以致用，教师就要加强计算机安全与防护措施的教学，使学生能对计算机病毒、系统漏洞这些概念有初步的认识。

●问题表现 1

2011 年版 2014 年第 2 次印刷本第 5 册第 2 单元第 6 课“安全防护用软件”主要介绍的是“360 安全软件”的使用，对病毒、系统漏洞等相关问题的介绍较少。一些教师在教学时只是一味地“教”教材，只是直接对安全防护软件的下载、安装和使用进行教学，而学生不明白“我为什么要学”“学习这个软件有什么用”。但是“360 安全软件”只是工具，只是载体，实际上教材的设计初衷并不是教学生学这个软件，而是培养学生安全使用计算机的意识和利用计算机为生活服务的思想。

解决方法参考

在本课教学中,“病毒”“漏洞”“木马”等是非常关键性的术语,它们对小学生而言很抽象,所以老师解释起来很困难,学生记忆起来也很枯燥。为此,教师可以从学生熟悉的生活情境入手,如生病了要请医生来检查、治疗,以此故事贯穿整个教学过程,并在此基础上开展各项活动,逐步落实教学目标。

●案例

第一,情境导入,激发兴趣。

教师活动	学生活动	设计意图
(1)师:同学们,大家都生过病吧。生病的滋味很不好受,那么是什么导致我们生病的呢? (2)师:生了病应该怎么办? (3)师:其实电脑也会生病,和人一样会中病毒,计算机里的病毒会是什么样的?有什么危害?请看一个动画片! 出示课件 (4)师:如果我们的计算机一不小心中了病毒,我们该怎么办呢?今天,老师就给大家介绍一位电脑私人医生,它的名字叫安全软件。你们想不想见见它?	(1)学生很自然地说出是病毒或细菌。 (2)学生有这个常识,脱口而出:“找医生。” (3)认真观看。 (4)想。	教师从学生熟悉的生活入手,依据小孩子爱看动画片的天性,利用学生对计算机病毒的好奇与厌恶心理,目的是让学生明白计算机安全的重要性,从而积极地接受任务。

第二,下载、安装360安全卫士。

教师活动	学生活动	设计意图
(1)师:怎么才能把这位电脑的私人医生请到家里来? (2)出示任务:请同学们自主参看书中提示,把这位私人医生请到家里来。 (3)请一位做得好的学生到前台操作演示:在学生演示时,教师作相应的提示,强化程序: ①先要找到医生的家——输入360卫士网址。 ②然后提交邀请——单击“下载”按钮。 ③再告诉他我们的地址——选择保存目录。	(1)学生动手操作。 (2)一位同学演示,其他同学认真观看。	因为五年级的学生已经具备一定的计算机基础,下载安装对他们来说并不困难,而且教材中对步骤进行了详细的描述。在明确学习任务后,学生就有动手操作的欲望。

续表

教师活动	学生活动	设计意图
④接着完成——单击“保存”按钮。 (4)师：医生已经来到我们家了，我们还要给他安排个房间，不能让他住客厅吧！ 演示 360 软件安装过程： ①来到医生面前——找到保存目录。 ②告诉他住在哪个房间——打开安装程序开始安装。	(3)学生认真观察。	因此，老师把主动权交给学生，先让他们自主按照书中的操作提示去操作，再让有困难的学生利用小组互助完成软件的下载与安装。

第三，漏洞修复。

教师活动	学生活动	设计意图
(1)师：人体如果缺少了如钙、锌之类的微量元素会怎么样？ (2)师：会导致身体免疫力下降，使得人体易遭受病毒入侵而得病，有时会危及生命。同样，电脑程序出现缺陷或错误(就是漏洞)时，就会遭到计算机病毒的攻击，结果使电脑里储存的重要资料和信息丢失，系统瘫痪，损失惨重。 (3)老师先演示，利用 360 安全卫士对系统漏洞进行修复。 (4)出示任务：请同学们利用安全软件对自己的电脑进行漏洞修复。	(1)学生讨论回答。 (2)学生仔细观看。 (3)学生自主修复漏洞。	首先让学生了解什么是系统漏洞，系统漏洞存在哪些潜在的安全隐患。然后教师示范操作，引导学生认识和观察，带动学生自己动手完成整个操作和任务。示范操作不仅可以很快让学生掌握知识，还可以促使学生熟练使用软件以及自我探索和发现软件中的窍门，为下一任务的进行作好铺垫。

第四，查杀木马。

教师活动	学生活动	设计意图
(1)师：同学们听说过特洛伊木马的故事吗？传说希腊联军围困特洛伊久攻不下，于是假装撤退，留下一具巨大的中空木马。特洛伊守军不知是计，把木马运进城中作为战利品。夜深人静之际，木马腹中躲藏的希腊士兵打开城门，特洛伊沦陷。	(1)学生认真听故事。	提高课堂教学的趣味性是一种手段，也是一种形式，而课堂的高效性才是教学的真正目标。

续表

教师活动	学生活动	设计意图
(2)师：在计算机的世界里有一种程序，它会想尽一切办法隐藏自己，而且可以任意破坏、窃取数据信息，甚至还能远程控制我们的电脑，这种特厉害的程序就是木马病毒。 (3)出示任务：如何查杀木马病毒呢？小组以合作的方式完成以下任务： ①通过360安全卫士检查电脑是否存在木马。 ②如果发现有木马应该怎么清除？ (4)请学生汇报杀毒情况，老师根据学生在实际操作中遇到的问题，给予指点。	(2)学生小组合作，自主探究木马的查杀方法。	学生已进入疲劳状态，引入古希腊的故事一是为调动学生学习的兴趣，二是让学生通过认识古战场上木马的功能，进而了解木马病毒的危害。

第五，拓展练习。

教师活动	学生活动	设计意图
(1)师：医生非常称职，把自己安顿好之后，就会给我们的电脑做全面检查，最后生成一个体检报告，以便我们了解电脑的身体状况。如果检查出了问题，不用担心！单击“一键修复”按钮，手到病除。 (2)出示任务：360安全卫士不仅能为计算机提供安全保护，还可以优化计算机性能，提高运行速度。赶快来试一试吧！	(1)学生探讨课后“做一做”。	在巩固新知识的同时，培养学生的创新能力，让他们能够学以致用、举一反三。

5 中学信息技术课例研究

5-1 课例1——文件和文件夹的分类管理

分析教学难点或常见问题

七年级上册《信息技术》第2单元“活动3：管理我的资料”介绍了文件和文件夹的分类管理。后续教学任务会涉及较多的素材和资料管理相关内容，因而学生对文件和文件夹的分类管理知识的掌握非常重要。学生在学习分类及管理之前，认识文件的类型以及了解文件的属性十分重要；在对文件进行分类管理之前，掌握文件及文件夹的“选择、重命名、复制、粘贴、删除、移动”等相关基础操作也是必要的。学生往往在学习分类管理知识之前，先遇到一些难关，导致之后没有办法很好地完成分类及管理这一步骤，或者在分类及管理过程中，遇到出错的地方不知道该如何处理，不会返回到之前的状态。具体表现如下：

●问题表现 1

学生新建文件夹后，在将特定的文件类型移动到指定文件夹的过程中，不会使用快捷键一次性选择多个文件同时移动，只会一个一个地移动文件操作，导致效率低下；或对快捷键使用不当，导致多复制了很多重复文件；或在某些文件被打开或正在使用中，移动文件会遇到移动失败的问题。例如，在 Word 打开的同时将其移动到其他文件夹，这时会出现“操作无法完成”的提醒等。

●问题表现 2

学生在分类管理文件的过程中，有时候会误操作，将大量文件不小心删除。如何还原找回文件也是学生会遇到的常见问题。

解决方法参考

学生在学习“文件和文件夹分类管理”时，遇到的问题可能繁杂多样，因而在课堂上需要老师灵活处理和指导。一般情况下，教师可以采取以下方法：第一，通过演示示范给学生作正确指导；第二，学生分组学习，组内之间相互协作，共同解决个别同学出现的一些问题，提高学习效率；第三，设置情境，任务驱动，让学生在娱乐中主动积极地学习。针对以上两个问题表现，教师可具体参考以下案例。

●案例 1　“批量文件的移动归类”教学活动设计

教师活动	学生活动	设计意图
(1)引入问题。 师：对于给定的一批文件，建立多个文件夹并将其归类，相同类型的文件太多，如何快速分类并移动到指定文件夹？让学生小组讨论，说说该怎么解决。	(1)分小组讨论交流。	引导学生主动探索问题。

续表

教师活动	学生活动	设计意图
(2)讲授问题。 根据学生的讨论发言情况,教师讲解文件分类的方法,以及使用快捷键快速选择多个同类型文件并移动的方法。 (3)任务驱动。 创设情境,布置任务,要求学生分组将初一(1)班春游的图片、文本日记、视频等文件进行分类放置,并使用快捷键快速移动。 根据学生任务完成情况,对学生操作中出现的错误进行指导纠正。 (4)总结问题。 对知识进行归纳总结。	(2)观察教师演示正确操作。 (3)学生实践体验。 (4)学生纠正错误,继续完成任务。 (5)学生反思总结。	通过实际体验,学生自己解决问题。 让学生反思问题,并总结提高。

●**案例 2:"找回误删文件"教学活动设计**

教师活动	学生活动	设计意图
(1)引入问题。 师:在文件夹分类整理过程中,一些重复文件需要删除。在操作过程中,有些同学由于操作失误,误将不该被删除的文件删掉,该如何还原找回? 引导学生思考并回答相关问题。 (2)讲授问题。 根据学生的讨论发言情况,教师讲解文件被删除后的找回方式,并提醒学生重要文件要做好备份。 (3)实践操作。 让学生尝试删除一些文件,并进行还原。 (4)总结问题。 对知识进行归纳总结。	(1)分小组讨论交流。 (2)观察教师演示正确操作。 (3)学生实践体验。 (4)学生反思总结。	引导学生主动探索问题。 通过实际体验,让学生自己解决问题。 学生反思问题,并总结提高。

5-2　课例 2——计算机账号及密码设置

分析教学难点或常见问题

七年级上册《信息技术》第 2 单元"活动 4:保障信息安全"介绍了计算机的账号设置相关内容。学生在学习这部分内容之前,已经对信息的安全备份有一定的意识，但可能还没有建立设置电脑账户的意识，这时教师需要引导学生主动学习如何设置电脑账户。另外，当学生给计算机设置了账户及密码后，就面临着其他人如何登录使用计算机的问题，这时教师再向学生讲解如何设置多个账户。计算机账户设置的学习，需要学生自己有需求、有兴趣，因而在教学中，教师可以创设一定的情景，引发学生学习的欲望。

●问题表现 1

在教学中有些教师会直接开门见山地告诉学生：“今天我们来学习计算机账户设置”，但是学生会问：“什么是账户设置？为什么要学这个？”如果学生在未接触之前，不了解要做的是一件什么事情以及学习之后会有什么作用，他们对此就会比较抵触，尤其初中生对事物有逆反心理。因此，在讲解之前，教师需要首先找到学生的学习需求和兴趣点。

●问题表现 2

学生：自己给电脑设置了账户及密码之后，如果爸爸妈妈或者好朋友要用电脑，那该如何处理？设置账户及密码是否只能在短时间之内设置，时间长了还得恢复之前的无账户状态？

解决方法参考

学生在学习“计算机安全设置”时，认识设置电脑账户的作用十分重要，而教师找准学生的学习需求和动机也是本课例内容的关键点，因而教师在课堂上需要灵活处理和指导。针对以上两个问题表现，教师具体可参考以下案例。

●案例 1 “设置电脑账户的作用”教学活动设计

教师活动	学生活动	设计意图
(1)引入问题。 师：熟练使用电脑之后，老师发现很多女生会将电脑桌面装扮地很漂亮，就像装饰自己的房间一样。但是当别人使用自己电脑的时候，这些漂亮的装扮以及桌面上的有些文件，很可能会被其他伙伴给换掉。这种情况，你们有没有假如遇到类似的情况，我们该怎么办？ (2)讲授问题。 师：可以通过设置电脑账户及密码的方式，自己管理好自己的电脑桌面。 (3)师：你们想不想学习这个知识？	(1)学生分小组讨论交流。 (2)学生思考知识学习的作用。 (3)想。	引导学生主动探索问题。 激发学生学习兴趣。 提起学生学习兴趣。

●案例 2 “计算机多账户创建”教学活动设计

教师活动	学生活动	设计意图
(1)引入问题。 师：一般机房中计算机是公用的，在家庭里也可能会是多个人使用同一台计算机，如何创建一个仅自己使用的账户和密码，实现特定账户下的计算机“专有”？ (2)讲授问题。 根据学生的讨论发言情况，教师讲解通过创建多个账户的方式，实现同台计算机的多账户登录。 (3)实践操作。 让学生尝试创建属于自己的计算机账户和密码，不同账户和密码可以登录同台计算机。 (4)总结问题。 对知识进行归纳总结。	(1)分小组讨论交流。 (2)观察教师演示正确操作。 (3)学生实践体验。 (4)学生反思总结。	引导学生主动探索问题。 让通过实际体验，学生自己解决问题。 让学生反思问题，并总结提高。

第4部分

“计算机画画”模块课堂学习与课例研究

4

1　学业标准要求

1-1　国家纲要要求及安徽省现今教学有关要求

国家纲要要求

2000年，教育部发布《中小学信息技术课程指导纲要（试行）》，其中对小学信息技术阶段的“模块三——用计算机画画”的教学内容的指导是：

（1）绘图工具的使用。

（2）图形的制作。

（3）图形的着色。

（4）图形的修改、复制、组合等处理。

安徽省现今教学有关要求

安徽省结合安徽的特点和教育部《中小学信息技术课程指导纲要（试行）》的精神，对小学“用计算机画画”模块的对应内容提出了如下要求：

模块三——用计算机画画

(1)学会使用基本的绘图工具。

(2)学会绘制图形。

(3)学会给图形着色。

(4)学会编辑修饰图形。

1-2 纲要解读及分析

结合国家纲要中关于小学阶段的主要学习目标及要求,我们认为,就“用计算机画画”模块而言,最主要的教学任务是在激发学生学习计算机绘画的兴趣的基础上,合理地使用各种绘图技巧;在学习的过程中,体验信息活动,形成信息意识,最终能够养成良好的计算机使用习惯和责任意识。该模块的教学目标要求可具体细化如下:

(1)学会使用基本的绘图工具。了解常用的基本绘图工具,如:圆角矩形、矩形、椭圆、多边形工具、曲线工具、直线工具等,学会基本绘图工具的基本使用技巧和属性设置。

(2)学会绘制图形。学会使用各种绘图工具绘制图形,综合使用多种绘图工具绘制常见的生活图形。

(3)学会给图形着色。学会给图形填充颜色,使用颜色填充工具进行着色;学会不同颜色的调整设置,掌握着色的方法技巧,对给定的图片可以进行丰富的着色操作。

(4)学会编辑修饰图形。学会利用复制、粘贴、选定等操作对图形进行编辑和修饰,可以将多种素材进行组合来完成一些完整的作品。

2 学习关键问题及指导

2-1 图形着色

“画图”软件中主要使用颜色填充工具给图形着色。该部分知识的学习目标要学会颜色填充工具的选择、填充颜色的更改和颜色的填充，关键知识点在于画笔颜色和填充颜色选择的区别，以及颜色的填充。在教学过程中，笔者建议老师使用实例讲解的方法，让学生在自主探索的基础上实践两种颜色选择的不同效果，强调使用颜色填充工具的时候需要单击需要填充的图形区域内才可。

在教学过程中，教师可以让学生先自主探索两种颜色工具的使用，在操作过程中发现其不同，然后教师进行讲解和示范，学生再模仿教师的操作方法学习，最后进一步通过练习提高。

2-2 绘图工具的使用

“画图”工具中的基本绘图工具主要有：圆角矩形、矩形、椭圆、多边形工具、曲线工具、直线工具、刷子工具等。

在学习过程中，学生需要灵活地掌握不同绘图工具的使用。学习该部分知识的关键点在于绘图工具的属性设置，如在选择了相关的绘图工具之后，结合工具属性中样式的使用可以灵活地绘制各种图形。

在教学过程中，考虑到绘图工具的操作有一定的共同性，笔者建议教师在学生有一定的基础之后，采用自主探究式的教学方法，让学生有更多的兴趣投入到学习中去。

2-3 图形的修饰处理

使用“画图”工具对图形进行修饰处理，主要涉及图形的选择，图形的复制、粘贴等操作。学习该部分知识的关键点在于“选定”工具的使用、复制、粘贴。

在教学过程中，教师可以让学生采用小组合作的方式完成任务。对于图形的修饰处理，教师可以结合生活中的图形为任务，比如完成自己理想的书房摆设等，让学生灵活创造，感受用计算机解决问题的乐趣。另外，教师不宜将操作步骤简单演示，而是要通过教学设计将知识点融入其中，提高学生的学习兴趣。

3 课例研究

3-1 课例 1——计算机画画入门

分析教学难点或常见问题

计算机画画模块主要是在《小学信息技术》2016 版第 2 册第 2 单元中，这一单元设计得非常巧妙，它围绕“田园风光”展开教学，让学生深深地感觉到在信息技术课堂中，美是无处不在的。但计算机画画是“画图”软件的第一课，因而组织好这堂课的教学是重中之重，如何在这节课上让学生全身心地感受到“画图”软件的巨大魅力和作用，是课堂教学需要突破的难点之一。

●问题表现 1

涂涂画画是儿童的天性，很多教师错误地认为只要在信息技术课上随便教教，学生都能完成课堂任务。但随着课堂教学的深入，大部分学生会失去创造力，只会按照课本或者模仿教师的作品来画，画不出属于自己的东西，甚至单纯地认为“画图”软件只能用来绘制儿童画，而不明白它在实际生活中的其他应用，这样的结果不是我们想要的。在《小学信息技术》2016 版第 2 册第 2 单元第 6 课“田园处处景色美”的教学中，如何通过第一次接触让学生树立“小软件、大用途”的意识，是我们教师应该好好思考的问题。

●问题表现 2

很多信息技术教师对计算机画画教学的认识存在一些误区：用“画图软件”绘画有用不完的纸张、数不清的色彩，因而“画图软件”是小学生十分喜欢的一种电脑软件，所以教师认为课堂兴趣导入没那么重要，当学生们看到“画图”软件以及色彩缤纷的图案时，自然就有兴趣了（如第 6 课“田园处处景色美”，见图 4-3-1-1），他们自己操作都能画点东西出来。但在实际教学中，很多学生事先没有好好了解“画图”软件，而教师急切地带学生接触“画图”软件，之后学生不受控制想自己尝试，此时如果教师放手让学生自己尝试，学生几乎是胡乱涂鸦，大多完成不好。良好的开端是成功的一半，教师在计算机画画的入门课上要创设一定的情境，通过视觉、听觉等各个感官的冲击让学生沉浸在绘画的海洋里。

图 4-3-1-1

解决方法参考

为了让学生在真实生动的场景中身临其境地进行情感体验，教师在教学中可以将信息技术的学习与学生生活进行结合，与学生语文、音乐、美术等其他学科的学习进行整合，创设合适的情境，让学生了解“画图”软件在生活中不仅可以涂色，还可以绘制儿童画、连环画、环保画、写实画、贺卡等不同类型和画法的一系列作品。

●案例 1(约 5 分钟课堂导入教学时间)　看作品学画画

教师活动	学生活动	设计意图
(1)师：同学们，你们喜欢画图吗？以前你们使用过钢笔、毛笔、蜡笔、水彩笔等工具在纸上画出了许多漂亮的图案，可你们听说过不用笔和纸也能画出各种美丽的图案吗？(课件出示：儿童画、连环画、环保画，写实画，贺卡等不同类型和画法的一些列作品。)	(1)学生欣赏电脑绘画作品。	

续表

教师活动	学生活动	设计意图
 (2) 师：这些画都是用电脑画出来的，你们想不想也用电脑试一试？如果想用电脑画画，首先我们就应该先认识一些绘图软件。 (3)师：目前，有许多绘图软件可以用来画画。今天，我们就来学习一个最简单、最容易学会的软件，利用它我们可以画出很多漂亮的图画，比如我们刚才看到的。今天我们就来一起来学习并认识 Windows“画图”软件。 （播放 PPT 并板书课题：第 6 课：田园处处景色美。）	(2)想。 (3)学生通过欣赏，感受到“画图”软件的强大作用，并产生向往心理。进而主动自发地实验和学习。	在教学过程中，教师向学生展示一些优秀作品，不但可以激发学生兴趣、吸引学生注意力，而且有利于学生以作品为样本建立自己近期的学习目标，并且这个目标是明确的、具体的。有了明确的学习目标，学生就有了自主学习的内驱力。 但展示的作品应多样而全面，可以体现“画图”软件丰富的功能和在实际生活中的应用。

●案例 2(约 8 分钟课堂导入教学时间)　第一，听歌曲学画画

教师活动	学生活动	设计意图
(1)播放《春晓》歌曲。 (2)师：同学们说一说自己眼里的春天。 (3)师：方可可同学已经用画笔描绘了她眼中的田园春色，让我们一起来欣赏吧。 	(1)聆听歌曲，想象一下美好的春天。 (2)说一说眼中的春天。 生 1：有小草，有花朵。 生 2：有青山，有白云。 …… (3)观察方可可同学眼中的春天。	《春晓》是一首学生都会唱的歌曲。教师伴着悠扬的歌曲，将学生带入春天的意境中，通过让学生想象春天的美景，导入新的一课学习。

续表

教师活动	学生活动	设计意图
师：春眠不觉晓，处处闻啼鸟。春天，就这样悄然地来到我们身旁。 伴着春风的吹拂，大地上，春天的小草从泥土中萌发出来，嫩嫩的，绿绿的。各种花儿纷纷披上了绚丽的外衣，绽放出甜美的微笑。阳光下，屋前还有几只小鸡在啄食呢，好美的春天呀！ (4)用颜色描绘景色。 师：有了颜色的浸润，这幅画一定更美了。这节课就让我们给这幅画面添加你心中的色彩，描绘出《田园处处景色美》。	(4)生：嫩嫩的草地，五彩的花朵，白白的云朵，火红的太阳，绿绿的青山..... 学生尝试用颜色来描绘这一幅画。	通过"用颜色描绘春天景色"这样一个小任务，将乡村美丽的田园风光展现在孩子面前，既与语文学科整合，又能将学生在美术课堂上和平时生活中的所观所感联系起来，为后续涂色做好铺垫。

3-2　课例 2——计算机画画色彩搭配

分析教学难点或常见问题

《小学信息技术》2016 版第 2 册第 2 单元第 6 课"田园处处景色美"、第 7 课"蘑菇圆圆把家住"、第 8 课"柳条弯弯随风飘"、第 9 课"虫儿慢慢向前爬"和第 10 课"小鸡叽叽把虫啄"都牵涉到"色彩"的教学。Windows"画图"程序中的"颜料盒"功能强大，学生在绘画时，可以根据需要随时改变前景色和背景色，给图画添上或擦去各种各样的颜色，形成富有创意的作品。但在实际教学中会出现如下情况：有一部分学生呆板地复制教科书上的颜色，也有一部分学生胡乱涂色，只有极少的一部分学生按照自己的生活经验，给蘑菇屋、美丽乡村、凉亭等填充了属于它们自己的颜色。那在实际教学中，教师如何才能教会学生正确使用颜色和填充颜色呢？

●问题表现 1

虽然小学生的色彩感受能力非常好，但三年级学生往往错误地认为艳丽的色彩是最美的，有时会将多种艳丽的色彩堆积到一起，把画面弄得混乱不堪。

●**问题表现 2**

小学生刚接触电脑绘画的时候，对“画图”软件菜单有些摸不着头脑，不知道如何去控制，因而可能会遇到以下问题：想给绿树涂色却不理解为何要分两次上色；想给花朵涂色，花蕊太小，总是涂错地方；想给小鸡涂色，却错误地将小鸡的轮廓改变了颜色等等（见图 4-3-2-1）。

图 4-3-2-1

解决方法参考

对于教师来说，让学生学会计算机画画中色彩搭配，首先便是教会学生总结绘画小规律，帮助学生学会正确使用绘图“工具箱”中“刷子”、“喷枪”和“用颜色填充”等上色工具的秘诀和技巧。

其次在课上教师还可以利用美术课知识的迁移，为学生渗透讲解色彩的一些基本知识，如讲解冷暖色、对比色以及如何用色彩突出主体物等。教师通过讲解让学生在实践中掌握色彩搭配知识，为后面几节课的学习作好铺垫。

●**案例 1(约 10 分钟课堂教学时间)**

第一，色彩调查，引入本课课题。

教师活动	学生活动	设计意图
(1)师：老师要做个小调查，同学们，你们最喜欢什么颜色？ (2)师：在美术课的学习中，我们知道了红色是我国传统的喜庆颜色，绿色在大自然中所占的面积最大，蓝色是典型的寒色，黄色是最明亮的颜色，白色代表洁净，黑色代表严肃，紫色代表高贵。色彩真的很奇妙，它能表达什么，真不是一句两句话能说清楚的，今天我们就要来感受一下奇妙的色彩。	(1)生：红色（绿色、蓝色、黄色、白色、黑色）。 (2)学生回忆旧知，总结新知。	通过对美术学科色彩知识的迁移，学生很快对色彩的作用有了直观的认识。

第二，初步尝试，认识涂色工具。

教师活动	学生活动	设计意图
(1)师："画图"是一个厉害的绘画软件，同学们在它的16种工具(图示)中，找一找，看有哪些工具可以给图形上色？ (2)师：主要有颜料桶、喷枪、刷子三种工具。 (3)师：我们来试试这三种工具。 (4)教师补充说明三种工具使用方法略微不同，产生的效果更是相差甚远。(初步涉及，为完成课后"做一做"铺垫)	(1)小组交流讨论。 (2)学生在教师机上尝试。 (3)总结三种上色工具的区别。	让学生明白给图形上色，不仅可以用颜料桶充，还可以用"喷枪"喷，用"刷子"刷。"颜料桶"主要适用于封闭区域。"喷枪"可以画出层次丰富的色彩点，深浅不一，有层次感和立体感，而且停留的时间长短会影响色彩的浓淡。"刷子"工具的使用更为广泛。

第三，再次尝试，选择更多色彩。

教师活动	学生活动	设计意图
(1)生："颜料盒"中的颜色真是太少了，还没有美术课上的48色彩笔颜色多呢，一点都不过瘾。 (2)师：到哪里可以找到更多颜色呢？小组交流讨论，哪位同学想来试一下？ (3)生：操作(一边解说)，教师适时补充。 (4)师：双击某个颜色，就弹出"编辑颜色"的对话框，如果现存的颜色中没有你需要的，你可以自定义，单击选中一个空盒子，在右边的调色板中调出你需要的颜色。	(1)学生积极主动地参与学习，小组交流积极又热烈。	让学生了解"当前颜色"就是颜料盒中正在使用的颜色，共有28个；"基本颜色"是弹出对话框中已经调好的颜色，共有48个，比颜料盒的颜色多了20个；"自定义颜色"可以有无数个，但需要你利用"调色板"自己调。也就是说"画图"软件中的颜色用之不竭。

●案例 2(约 25 分钟课堂教学时间)

第一,小试牛刀,初步尝试。

教师活动	学生活动	设计意图
(1)认识填充工具。 猜一猜:用哪个工具来填充颜色? 看一看:填充工具长得什么样? 师:说得很好,填充工具就像是一个颜料桶,里面装满了美丽的色彩,选中它鼠标就会变成它的模样,单击一下,颜料盒中亮丽的色彩就会轻松地呈现在画板上啦。 (2)认识颜料盒: 说一说:大家先来看看画图中的颜料盒,数一数它有多少种颜色? 师:想用哪种颜色只要用鼠标轻轻点一点就选中它了。	(1)学生交流讨论,发现填充工具,记住它的样子。 (2)数一数颜料盒中的颜色,初步掌握选取颜色的方法。	教师通过提出问题,引导学生观察和思考,从而让学生认识填充工具和颜料盒,并熟悉它们,完成老师课堂布置的初级任务。

第二,巧记口诀 轻松填色。

教师活动	学生活动	设计意图
(1)打开作品。教师演示打开“田园风光.bmp”文件 。  (2)师:在美术课上,我们经常需要给我们的作品涂色。依据美术课上的经验,你觉得涂完这一幅作品需要多长时间? 让学生对比美术课与信息课思考:有了“画图”软件的帮助,给作品涂色会不会快一点? 教师演示:快速填充。 学生观察思考:在颜料盒中选择不同颜色填充画布时,颜料盒中色块的变化。	(1)观看教师演示打开“田园风光.bmp”文件。 (2)自主打开文件。 (3)学生按照教师演示在工具箱中找到叫“用颜色填充”的工具,并试试选好合适的颜色填充,完善作品。(教师巡视指导)	教师将填色过程中可能遇到的困难和疑惑与学生生交流,然后总结变成口诀,再通过适当演示和讲解,让学生牢牢掌握。

续表

教师活动	学生活动	设计意图
(3)课件出示"填色小技巧": 多种颜色巧搭配 由大到小顺序填 局部放大轻松涂 封闭图形不溢色 涂色能手我来当 师:带领大家阅读教材中"填色小技巧",并适当讲解示范。 (4)自主填色。	(4)总结问题,形成口诀。	

3-3　课例3——图形的修饰处理

分析教学难点或常见问题

"动手布置小书房"是2014年1月第6次印刷版中第2册第8课的教学内容,主要介绍了图形的修饰处理操作。其中的教学难点有:选定工具的使用;多边形工具的使用;复制、粘贴、调整图形大小的操作等。

●问题表现1

有些教师在讲解多边形使用的过程中,对于多边形的闭合操作强调得不够,导致有些学生绘制的图形不规范、不符合要求。

如在绘制多边形的花盆时,如果教师在演示操作中没有强调在起点和终点重合的地方"双击鼠标",学生在操作过程中就容易出现绘制的多边形不闭合的状况。

●问题表现2

在教学过程中,对于图形对象的大小调整、复制叠加等操作是重点。教师在教学中不仅需要讲解知识点,还要培养学生灵活处理问题的能力。教学中可能出现的问题有:学生不能灵活地处理图形的选择和调整大小的操作等。

如教学内容中关于书桌的复制、粘贴操作,教师在教学中要强调粘贴之后,对于图形的位置和大小调整的操作,要注意"拖动"的操作技巧,鼠标要在图形中的某一位置再拖动才可以。另外调整大小需要调整控制点，在对角线的位置调整可以等比例缩放，如果在长或宽处分别调整则有可能使得图形失真变形。学生在操作过程中很容易遇到图形大小调整失真和拖动图形拖不动的情况。

解决方法参考

在教学过程中，教师需要结合学生的特点，采用情境模拟的方式进行教学，引导学生积极参与。对于容易出错的地方，教师要给学生充分的实践时间去重点集中地解决出错问题。

●案例 1

第一，情境导入。

教师活动	学生活动	设计意图
(1)师：同学们家里的书房都有哪些东西？你们理想的书房是什么样？ (2)教师先展示一些美观的书房照片，然后展示一个布置完整的书房和一个没有布置的书房，进行对比。 提问学生应该做哪些事情可以完成书房的布置？	(1)观察图片的不同。	结合生活实际，调动学生积极性。

第二，任务驱动 1。

教师活动	学生活动	设计意图
(1)任务展示：花盆的绘制，引出"多边形"工具。 (2)让学生根据书本的操作先自主实践绘制。 (3)问学生绘制中出现的问题。 (4)教师操作演示绘制多边形的方法，重点强调最后一步的操作。 提出出现问题的原因和解决办法。 (5)教师总结操作过程。	(1)自主探索实践。 (2)学生实践模仿。 (3)实践和总结。	任务驱动，学生自主实践。

第三，拓展实践 1

教师活动	学生活动	设计意图
(1)拓展任务：自主创作绘制。 (2)收集学生作品并展示，开展互评。	(1)学生实践。 (2)相互评价作品。	自主探究。

第四，归纳总结1。

引导学生对于所学知识点进行小结归纳，然后教师再进行补充归纳，促进学生更深理解。

第五，任务驱动2。

教师活动	学生活动	设计意图
(1)结合上述的完成结果，教师提问：如何将花盆整合在书房？ (2)教师提出知识点：图形的选定、移动、复制和粘贴。逐步进行操作演示。 (3)教师重点强调：图形的大小调整、图形叠加中透明度模式设置。 (4)给出拓展任务：图形的整合。 (5)教师提问进一步任务：将其他的书房中的物品图片调出，学生自主设置选择进行布局。	(1)学生回答。 (2)学生观察教师演示过程。 (3)学生实践模仿操作。 (4)学生实践操作。	任务驱动，学生自主实践。

第六，作品展示与互评。

教师活动	学生活动	设计意图
(1)巡视学生操作，指导相关问题。 (2)展示学生作品，点评共性问题。 (3)总结、归纳。	(1)实践操作。 (2)交流讨论。 (3)学生互评。	自主探索、知识引申。

3-4　课例4——绘图基本工具的使用

分析教学难点或常见问题

学生在小学阶段的绘画作品主要是由不同的点、线和平面几何图形组合而成的。在Windows“画图”软件自带的16种工具中，学生们将在《小学信息技术》2016版第2册第2单元第7课“蘑菇圆圆把家住”中接触“椭圆”“直线”“矩形”“橡皮擦”等工具，在第8课“柳条弯弯随风飘”中接触“曲线”、“铅笔”、“放大镜”等工具。其中有些工具如“曲线”工具的绘制方法，“橡皮”工具什么时候要和“放大镜”工具一起使用等，对于部分学生来说是有难度的。因此，教师在介绍这些工具的具体运用时，一定要介绍得细致又准确，这样才能让学生突破难点。

●问题表现 1

在“画图”软件中能绘制出线条的工具有很多：“铅笔”“直线”和“曲线”。学生在《小学信息技术》2016 版第 2 册第 2 单元第 8 课“柳条弯弯随风飘”中重点学习了“曲线”工具。曲线是一种最为柔美的线条，在绘画中使用的非常广泛。但“曲线”却是“画图”软件中相对比较难的工具，学生掌握该工具的情况较差。所以学生在实际操作中碰到复杂的图形时，总是想用“铅笔”代替“曲线”和“直线”工具完成课堂任务，因为“铅笔”工具比较容易掌握。

●问题表现 2

教师根据学生的练习发现，三年级的学生在画图程序中最先会使用的工具是铅笔和橡皮。《小学信息技术》2016 版第 2 册第 2 单元第 7 课“蘑菇圆圆把家住”多次提到“橡皮擦”工具（见图 4-3-4-1、图 4-3-4-2）。学生在“画图”软件的界面上用铅笔乱涂乱画之后，就会用到“橡皮擦”工具，但许多同学过于依赖“橡皮擦”工具，即使整张画布都已经涂满，也要用那小小的橡皮慢慢地擦。可见三年级的学生缺乏对信息的辨别和处理能力，需要教师及时引导。

提个醒： 删除多余的圆弧也可以用“橡皮檫”工具，但用“选定”工具选取后删除会更平直。

图 4-3-4-1

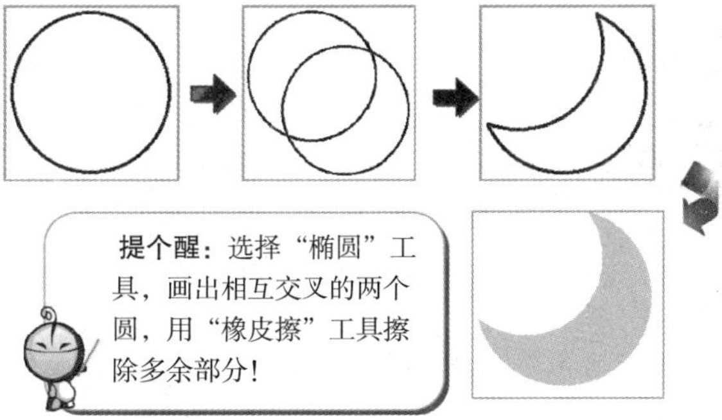

图 4-3-4-2

解决方法参考

在实际教学中教师要通过分析不同作品，让学生知道各种工具在绘图中都有它的作用。通过化繁为简、有步骤地绘制，学生就能掌握利用各种工具绘制图形的方法，进而觉得每个工具都很简单，而且灵活掌握线条、橡皮擦等工具的用法还可有利于个性化地创作电脑绘画作品。

●案例 1(约 25 分钟课堂教学时间)

第一，结合实际，导入新知。

教师活动	学生活动	设计意图
(1)师：这些小朋友在干什么？(出示课件)  (2)师：分析以上动作都由哪些线条构成？课件动画标示(直线、曲线)。 (3)师：这是什么？由哪些线条构成？ 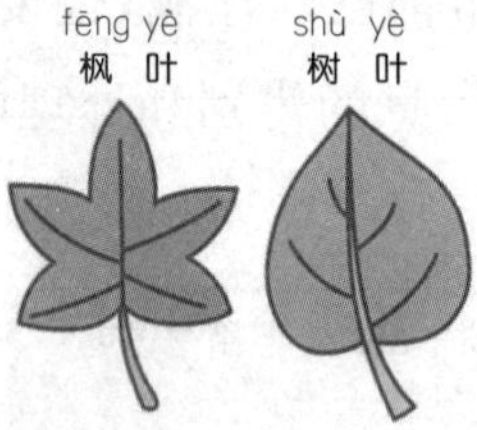 课件动画标示(曲线)。 (4)师：这是什么？由哪些线条构成？ 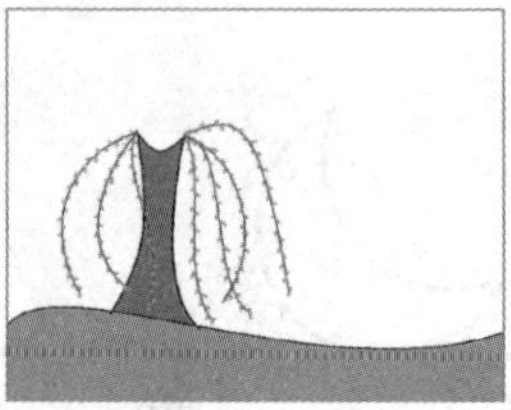 课件动画标示(曲线)。 师总结：“曲线”工具在我们的绘画中有着非常重要的作用。 师：今天我们就一起来学习第 8 课“柳条弯弯随风飘”。	(1)回答：做广播体操(观察)。 (2)说说(观察)。	温故知新，教师让学生分析简笔画，从而引出绘制曲线的需求。 教师创设贴近学生生活的教学情境，用线条表现动作，展示线条的作用，激发学生学习兴趣。

第二，观察实验，学画曲线。

教师活动	学生活动	设计意图
(1)师：请同学们在“画图”软件的工具箱中找到“曲线”工具，并在画布中试一试。 (2)教师解释曲线原理：展示事先准备的一根橡皮筋，请三位同学上台协助进行试验。步骤如下： ①请一位同学配合自己一起将橡皮筋拉直。 ②请一位同学从两端之间任意位置向上提拉使其变形，让其他同学仔细观察，橡皮筋发生怎样的变化？ ③再让第三位同学从另一位置向下拉，让其他同学观察皮筋的形状如何？ (3)其实，“曲线”工具的使用方法与之类似，教师示范演示。 板书： 首尾定好位，拖动鼠标出直线， 单弧曲线法，相同方向拖两次， 双弧曲线法，不同方向各一次。 总结：先首尾定好位，两次向相同方向拉，画出的曲线有 1 个弧，叫做单弧曲线；向相反方向拉，画出的曲线有 2 个弧，叫做双弧曲线。 教师巡视，个别指导。 (4)请操作娴熟的同学展示作品，并根据操作要领边操作边讲解。	(1)找出“曲线”工具，并尝试使用画一画。 (2)参与试验。 橡皮筋发生弯曲。 皮筋再次变形，有两道弯。 (3)仔细观察教师演示，总结操作要领，学习口诀。 (4)布置任务：学生尝试画单弧曲线和双弧曲线。 (5)示范演示。 (6)保存，关闭。	学生通过先行尝试，了解“曲线”工具与之前的“直线”工具的不同。 教师通过橡皮筋实验直观地演示，让学生了解在“画图”软件中绘制曲线的原理。 从具体形象的现实生活到抽象的线条，教师通过口诀记忆法，巩固学生记忆，为下一步学习奠定基础。

●案例 2(约 10 分钟课堂教学时间)

第一，设疑讨论，总结方法。

教师活动	学生活动	设计意图
师：在本单元第 6 课和第 7 课的学习中，我们分别认识了“撤销”指令和“橡皮擦”工具，我们在以下情况下该选择哪种工具呢？ (1)教师出示一张被铅笔画得很糟糕的作业纸。 师：方可可的作业被弟弟画得乱起八糟，周一要交作业了，这该怎么办？ 生：这还不简单，重新做一份。	(1)观察。	

续表

教师活动	学生活动	设计意图
(2)总结橡皮擦作用。 师:为什么不用万能的橡皮擦呢? 生:这多麻烦呀,橡皮擦我们一般只用来擦错的很少的地方。 (3)教师出示画得乱七八糟的绘图作品,让学生思考:用橡皮是否合理,如何找到电脑上的重新画。学生通过思考和学习后,就能初步了解用电脑处理画错作品的多种方式。 (4)师总结:在"画图"软件中也一样,对于错的很多的作品,我们可以选择"撤销"指令撤销错误的操作,或者新建一张空白画纸重新创作。	(2)讨论。 (3)总结经验。	从现实生活中的具体事例入手,提高学生辨别信息和处理信息的能力。

第二,讨论探究,工具拓展。

教师活动	学生活动	设计意图
(1)清清楚楚改细节。 师:一些学生在用橡皮擦除小细节时,往往会残留一些不易察觉的痕迹,或者把一些不该擦掉的地方擦的坑坑洼洼。针对这些情况,我们可以先利用"放大镜"把画面放大适合倍数,再进行擦除或者修改。 (2)交流讨论免误区。 师:很多同学在打开画图软件后,直接用"放大镜"工具将画布变大,这种方法对吗? 生:不对,在科学课上我们学习过"放大镜"。 (3)师总结:通过刚刚的探究操作,我们也明白了"放大镜"的用处是看细小的东西,并不能将东西真正地变大,比如用放大镜看字,镜子里面的字是变大了,可实际上字的大小一点都没变。所以,用"放大镜"工具将画布变大这种方法是不可取的。	(1)尝试操作。 (2)交流讨论。 (3)区别方法。	放大镜是科学的工具。首先,学生通过科学课知识的迁移能概括出放大镜的用处是看细小的东西,然后教师用实例展示用放大镜放大细微之处进行修改。教师通过举例引导和整合学生的思维,从而使学生对信息的处理方式能够进行多种变化,从而达到举一反三的效果。

3-5 课例 5——工具的搭配运用

分析教学难点或常见问题

在利用“画图”软件绘画时，各种工具和指令的搭配使用，不仅能提高学生的绘画效率，更主要的是能给学生提供探索新技巧、创新新技法的好机会。如《小学信息技术》2016 版第 2 册第 2 单元第 9 课“虫儿慢慢向前爬”，就介绍了在学会用线条、颜色作画的基础上，再通过复制、移动、调整图形大小的指令和各种工具的组合使用使作品具有一定的层次以及有立体感，从而进一步培养学生的审美能力、想象力和创造力。但是学生往往对指令缺乏理解：复制、粘贴是按什么步骤操作的？复制一次可以粘贴几次呢？选定时为什么要选择透明样式？在实际创作中，如何综合使用工具？当诸多知识点冲撞在一起时，学生就会有所混淆。

●问题表现 1

复制图形的方法在“画图”软件的教学中也是一个难点。在实际上课时，学生不容易理解在执行编辑菜单的复制命令后，为什么并不能看到任何变化、“复制—粘贴”的步骤具体分为哪几步？

●问题表现 2

《小学信息技术》2016 版第 2 册第 2 单元第 9 课“虫儿慢慢向前爬”再次使用了选定工具。通过前面几节课的学习，学生已经对选定工具有所了解，知道在使用选定工具时，一般是要在选定对象的外接四边形的某个顶角外，按下鼠标左键后向对角线方面的另一个顶点处拖动，直到将对象全部选定在虚线框中后再释放鼠标左键。但有一部分学生开始尝试通过调整虚线框的大小控制点将对象全部选定，却导致图形变形，这是不可取的（见图 4-3-5-1）。另外，选定工具分为透明和不透明两种模式，在选定毛毛虫的一节身体时，学生也常常因为不理解这两种模式的含义及区别而忘记操作，导致任务失败。

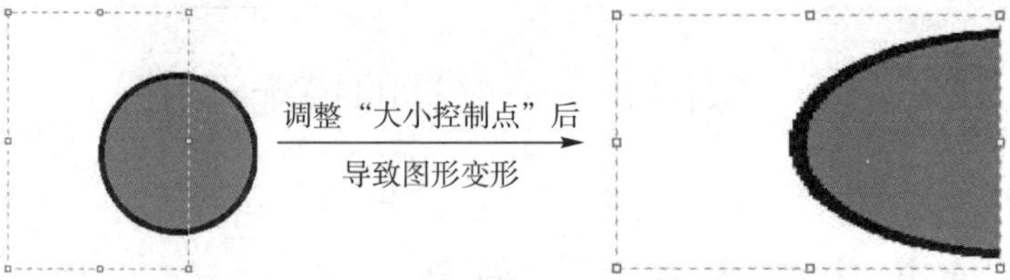

图 4-3-5-1

●问题表现 3

在 Windows“画图”软件的实际教学中，我们发现很多学生对于“画图”工具的运用缺乏技巧，比如《小学信息技术》第 2 单元第 7 课课后“做一做”：学生在绘制月亮时，不懂得分析图形，一味地使用曲线来绘制，其实选择椭圆工具，画出相互交叉的两个圆，再用橡皮擦工具擦除多余部分，像即可轻松画出月亮。在“画图”软件中，椭圆工具、矩形工具等都共有三种模式，巧用这三种模式可以画出各种各样有趣的图形。所以在实际教学中，教师要学会引导同学多观察、多分析和多尝试。

解决方法参考

在较为复杂的技巧型知识如复制、粘贴和选定指令的教学中，教师可以通过实例来展示复制操作的含义，让学生在操作中理解复制和粘贴命令是成对出现的，复制一次可以粘贴多次，并总结相应步骤。教师也可以通过录制微课，演示选定工具在透明和不透明两种模式下进行图形的叠加时，有什么样的区别，哪种方式不会造成图形之间相互遮挡，从而突破课堂重难点。而对于多种工具模式的组合使用，教师最好通过多多列举实例，开阔学生的思路。

●案例 1(约 20 分钟课堂教学时间)

第一，观察对比，得出结论。

教师活动	学生活动	设计意图
(1)师：画好了毛毛虫的一节身体，让我们一起来画其他身体吧！ 出示三组画好的毛毛虫身体：第一组是从前往后，依次层叠(图 A)；第二组是从后往前，依次层叠(图 B)；第三组是一半从前往后一半从后往前请同学们观察(图 C)。	(1)学生发现第 B 组贴出来的效果更像咪尼画出的“毛毛虫”。	学生通过阅读课本，观看教师微课讲解演示，小组讨论，解决课堂困惑。

续表

教师活动	学生活动	设计意图
哪一组贴出来的效果更像咪尼画出的“毛毛虫”(图D)? 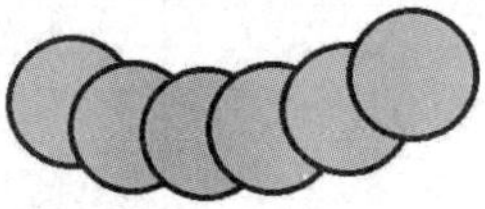 图A 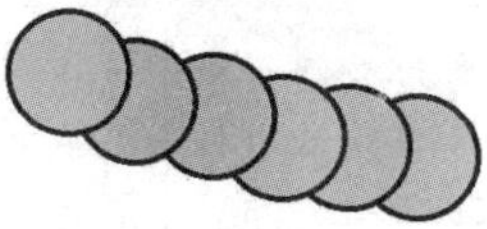 图B 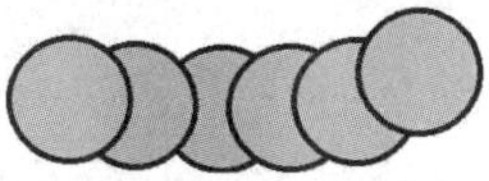 图C  图D (2)师:同学们观察的真仔细!现在请大家自己观看微课“绘制身体”,看看有没有方法能快速绘制出其他身体,并且一边看一边考虑:①复制一次可以粘贴几次呢?②选定时为什么要选择透明样式?	(2)阅读课本观看微课,小组讨论得出答案。	教师在微课中通过对比两种不同的操作模式(透明样式和不透明样式),让学生明白操作含义。

第二,师生操作,再探新知。

教师活动	学生活动	设计意图
(1)教师演示并讲解步骤: ①选定图形。 ②选中“透明样式”。 ③执行“编辑”—“复制”。 ④执行“编辑”—“粘贴”。 (2)学生尝试练习。 (3)教师展示出现问题的同学作品,给会解决此问题的学生发言及演示机会。 如:通过调整虚线框的大小控制点将对象全部选定,这是错误的,因为会导致图形变形。	(1)学生听老师讲解,看老师演示。	

续表

教师活动	学生活动	设计意图
 如:选定前要确认背景色为白色,然后单击"选择"工具,选中透明样式,再选定画好的圆形。 (4)教师引导学生总结:"复制-粘贴"的步骤为: 你拍一我拍一,选定步骤排第一; 你拍二我拍二,复制命令是老二; 你拍三我拍三,粘贴命令是第三; 你拍四我拍四,移动步骤排老四。 提醒:"复制"一定要与"粘贴"一对的,单独使用没有任何意义。 (5)师总结:当我们单击工具箱的"选定"工具时,在工具箱的下面会有两种情况可以选择:一种是"不透明背景",它会使选中的图形在移动的时候完全盖住下面的图形上;而另一种是"透明背景",它会使选中的图形在移动的时候不会遮住下面的部分。所以,我们只要选择透明的这种情况就可以绘制出毛毛虫的身体。 (6)请同学们模仿微课中绘制身体的方法,尝试自己独立绘制毛毛虫。 (7)让学生继续完善绘制身体的任务。	(2)学生通过教师的操作发现:复制一次可以粘贴多次。 (3)学生认真观看教师的微课,完善练习结果。	教师先让学生通过观察不同的操作产生的不同结果,然后过渡到实际操作中,由具体到抽象,再通过演示微课加深学生印象,最后让学生自己实践,在独立操作中发现问题,并且全班交流解决,由老师总结经验。

●案例 2(约 10 分钟课堂教学时间)

第一,椭圆叠加,巧画白云。

教师活动	学生活动	设计意图
(1)选择椭圆,纯色填充,绘制椭圆; (2)叠加椭圆,巧画白云。 	学生观察,思考,完成任务。	教师分析内容、讲授步骤、示范操作,让学生完成技巧训练。

第二，重复椭圆，巧画西瓜。

教师活动	学生活动	设计意图
(1)选择圆形工具，画出空心圆(不一定是正圆)。 (2)为它增加一个空心椭圆，再为它增加一个空心椭圆。 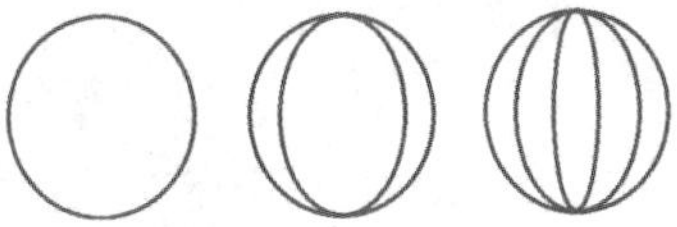 (3)填充颜色，画出瓜蒂。 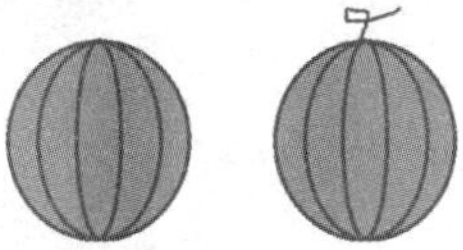	学生观察，思考，完成任务。	教师引导学生发现用圆形工具可创作出很多图形，鼓励学生只要勤于动脑，一定会创作出更多更好的画。

第三，西瓜方法 巧画灯笼。

教师活动	学生活动	设计意图
(1)按照绘制西瓜的画法进行创作。  (2)利用“矩形”(不填充)工具和“直线”工具完善灯笼细节。 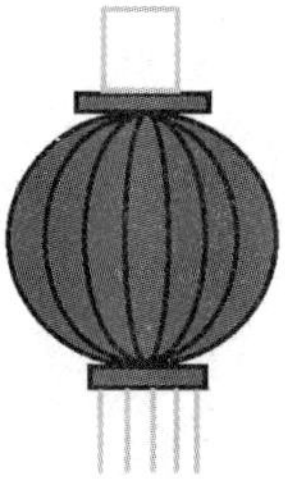 (3)利用“矩形”(填充)工具绘制矩形，再在矩形其上绘制“春”字。 	学生观察，思考，完成任务。	教师通过前面任务的铺垫，教学生巧用各种工具，完成更为复杂的图形。

第5部分

“文字处理”模块
课堂学习与课例研究

5

1 学业标准要求

1-1 国家纲要要求及安徽省现今教学有关要求

国家纲要要求

2000年,教育部发布《中小学信息技术课程指导纲要(试行)》,其中对小学信息技术的“模块四——用计算机作文”教学内容的指导是:

(1)文字处理的基本操作。

(2)文章的编辑、排版和保存。

同时,纲要对中学《信息技术》的“模块三——文字处理的基本方法”提出以下教学目标要求:

(1)文本的编辑、修改。

(2)版面的设计。

安徽省现今教学有关要求

安徽省结合安徽的特点和教育部《中小学信息技术课程指导纲要(试

行)》的精神，对小学“用计算机作文”模块的对应内容提出了如下要求：

模块四——用计算机作文

(1)掌握一种文字处理软件的基本操作。

(2)学会文章编辑排版和保存的基本方法。

(3)学会插入图片艺术字(美术字)和表格。

1-2 小学信息技术纲要解读及分析

结合国家纲要中关于小学阶段的主要学习目标及要求，我们认为就“用计算机作文”模块而言，最主要的教学任务是让学生掌握文字处理软件 Word 的基本使用，并且能够应用到生活和学习中去解决实际的问题；在学习的过程中，体验信息活动，形成信息意识，最终能够养成良好的计算机使用习惯和责任意识。具体目标细化如下：

1-2-1 掌握一种文字处理软件的基本操作

掌握常用的文字处理软件 Word 的基本操作，如软件的打开、界面的了解、文件的保存，文字的输入等操作。

1-2-2 学会文章编辑排版和保存的基本方法

学会使用文字处理软件 Word 对文章进行编辑排版，主要包含：文章内容的编辑(如文字的添加、删除、复制、粘贴等)，文字格式的设置(如字体、字号、颜色等)，文章格式的调整(如行间距、对齐、首行缩进等)以及文章保存的方法等操作。

1-2-3 学会插入图片艺术字(美术字)和表格

学会使用文字处理软件 Word 完成实际生活中需要的作品如板报、课程表等，进一步了解文稿中图文混排的操作和表格的操作。主要包含：图片的插入、图片大小、位置、边框调整设置，艺术字插入、艺术字格式调整等；表格的插入，表格内容格式设置、表格边框、底纹、表格单元格和行高列宽的设置等操作。

1-3　中学信息技术纲要解读及分析

结合国家纲要中关于中学阶段的主要学习目标及要求，我们认为“文字的基本处理”模块，主要是让学生在了解文字处理基本操作的基础上，拓展和提升操作能力，积极地进行自我创新，掌握更多应用方面的技能。具体目标细化如下：

1-3-1　掌握文本的编辑、修改方法

学会使用文字处理软件对文档进行编辑、修改，如：文字的添加、删除、格式的设置、批量的修改等。

1-3-2　学会常用的版面设计方法

学会综合使用多样的编辑方法来设计文档版面，如：图片的插入与编辑、文本框的添加、艺术字的插入、页眉页脚的设置、页面边框等。

2　小学信息技术学习关键问题及指导

2-1　文字的修改

文字的修改部分的主要学习技能目标为：掌握文字的删除、移动、复制、粘贴等知识。在学习过程中，教师通过相关操作修改文章中输入的错误等，培养学生对作品的灵活处理以及审美能力。

在教学过程中，本书建议教师在讲解知识点的过程中，重点强调修改文字的前提是要对于文字进行“选定”操作。教师可以先让学生实践修改文字，找出操作的问题，再引出强调的重点部分。

2-2　文字的修饰美化

文字的修饰与美化部分的主要知识技能目标为：掌握设置文字的字体、

字号、颜色、行距等。主要知识点有：字体、字号、颜色、对齐方式、行距和缩进方式设置以及格式刷。

在教学过程中，本书建议教师以实际的教材等为参考，让学生自主探索如何设置行距、缩进方式等。

2-3 表格的制作

表格的制作属于难点内容，主要涉及的知识点有：表格的插入、表格内容添加、单元格对齐、行或列的添加或删除、表格文字格式设置、表格边框底纹的设置、合并单元格、行高和列宽的设置等。

学习表格制作的重点在于表格的美化与完善。在教学过程中，对于实践任务本书建议教师选取与生活密切相关的题材，比如课程表、生活预算表格等。

2-4 设置页面和分栏

版面的设置可以让文章的布局更合理，页面的设置和分栏的操作在文字处理中也是很重要的知识点。页面的设置主要涉及文档纸张大小、页边距等操作，通过“文件”→“页面设置”菜单进行设置。分栏主要通过“格式”→“分栏”菜单进行设置。在学生学习操作的过程中，教师要强调先选定再设置分栏。

在教学过程中，本书建议教师让自己多参照生活中的报刊、杂志、板报等，让自己的作品更加贴近生活。

2-5 图片、艺术字、自选图形的插入

文章中图片、艺术字、自选图形的插入可以让文章图文并茂，更加美观，这些主要通过“插入”菜单进行操作。

在教学过程中，教师要重点强调图片、艺术字、自选图形的属性设置。比如对插入的图片可以设置图片的位置、图片大小、图片边框以及图片的环绕方式，这些主要通过“图片工具栏”设置。另外，教师还要注意使用接近生活的实例，可以激发学生的学习兴趣，鼓励学生积极地自我创新。

3 中学信息技术学习关键问题及指导

3-1 成批修改文本

使用“查找/替换”命令，可以快速地修改或删除文档中相同的内容。在教学过程中，教师可以先让学生实践手动修改文档中某些共同的内容，然后再提出“查找/替换”命令的使用。

在教学过程中，本书建议教师强调“光标定位”对于查找或替换的结果的影响，从而让学生更加明确使用“查找/替换”功能的步骤方法。在操作演示中，教师可以变化光标的位置，让学生观察或者找学生实践发现问题。

3-2 页眉页脚的设置

对于长文档，设置页码可以方便读者知道阅读内容所在的位置。页码的设置要进入“页眉和页脚”的状态，关键步骤为“视图”→“页眉和页脚”。

在教学过程中，本书建议教师要让学生注意“页眉和页脚”的编辑状态和正文编辑状态的不同，从而更加理解页眉和页脚的设置。页码的插入需要借助“页眉和页脚”工具栏，这时教师要强调切换到页脚的位置再插入页码，并且编辑完成后要关闭编辑状态。教师可以先让学生自主实践，找出实践中出现的问题，然后再强调操作过程。

3-3 文本框

在文档版面的设计中，利用文本框可以在文档中的任意位置放置文本和排版文字。文本框的编辑主要涉及文本框的边框线条、填充及大小的设置。

教师可以通过案例展现在文档排版中利用文本框添加文字的过程，让学生自主尝试调整文本框的大小和位置以及相关的格式。在教学过程中，本书建议教师强调文本框添加的文字与直接输入的文字之间的区别。

3-4 邮件合并

邮件合并功能可以批量生成奖状、通知书等文档。邮件合并的主要步骤分为三步：准备数据源、建立主文档、邮件合并。

在介绍邮件合并的教学过程中，教师可以首先引导学生看到邮件合并的优点和快捷，从而提高学生的学习兴趣。然后在讲解邮件合并的步骤时，教师需要注意强调准备数据源中的数据表格的特点，即“没有标题行，从表头开始的表格”。另外在“邮件合并”步骤中，教师要重点讲解“插入合并域”的原理和过程，让学生充分理解 Word 中“域”的概念。

4 小学信息技术课例研究

4-1 课例 1——书写环保倡议书

分析教学难点或常见问题

“书写环保倡议书”是安徽省编 2012 年出版 2015 年第 7 次印刷《小学信息技术》四年级上册第 1 单元第 1 课的教学内容，主要介绍了 Word 软件的打开方法、界面组成、快速录入文字及保存、关闭 Word 文件。本课在日常的教学中可能会出现下列问题：

●问题表现 1

在具体的教学中，教师发现教材上介绍的打开软件的方法为：从“开始”菜单中找到“程序”，然后找到“Microsoft Office”，再找到“Word 2003”打开。

●**问题表现 2**

在前面的电脑窗口的教学过程中，学生已经认识了标题栏和工具栏，而在本课的教学过程中又有标题栏和工具栏的名称，教师又要介绍一遍。

●**问题表现 3**

本课以书写环保倡议书为载体，重点是让学生了解 Word 软件的打开、界面组成和文字录入及保存操作。但是很多教师在教学的过程中会花很长的时间在强调环保倡议书的格式上，更有甚者花去半节课的时间在反复强调倡议书的组成部分。

●**问题表现 4**

本课的教学需要学生现场选择输入法，由于课本上只介绍了智能 ABC 输入法，教师也只教智能 ABC 输入法。

●**问题表现 5**

本课的教学需要学生现场录入汉字，这会因为学生的信息素养不同而出现较大的差异。较快的学生能打完一大半，少数学生只能打几个字。因此，教师觉得要加强汉字录入课时。

解决方法参考

针对以上问题，笔者想说教学目的不是让学生学会某个软件，更不是某个版本的软件。软件仅仅是载体，通过学习这些软件，学生将来可以自学其他软件。在教学的过程中，因为信息技术的更新速度很快，教师应根据实际的情况予以调整，如果我们的教师只教授指定的版本，学生也只能学习指定的版本，当版本更新后，学生又都不会了。所以当出现版本不一样的情况时，教师可以采取灵活的教学方法予以解决。

●**软件打开方式的变通**

教师活动	学生活动	设计意图
(1)师：同学们，你们都已经学会怎么打开软件了吗？是如何打开的？ (2)师：今天老师带来了一个新软件，你是怎么打开的？	(1)学生回答：双击或者在程序中找到单击或者右击选择打开。 (2)学生尝试操作。	从原来打开软件的方式过渡到今天 Word 软件的打开方法，从原有的知识迁移到今天的知识。

其实，很多学生早就掌握了打开一个软件的方式，因而教师没有必要严格按照教材上的方式去操作，完全可以依据学生的回答来操作演示。这样做既充分突出了学生的主体地位，又使教师的教变成学生的教，充分活跃了课堂的气氛。而且，学生之间进行交流比教师单纯地教的效果要好得多。

●标题栏和菜单栏的认识

教师活动	学生活动	设计意图
师：同学们，这两个地方叫什么名称，你们还记得吗？我们在什么地方学过？	学生回答：在介绍我的电脑的窗口时介绍过。	从原有的知识迁移到今天的知识。

对于以前学过的知识，教师可以从原来学过的知识点入手，提醒学生以前是不是学过类似的内容，它们的名称是不是都一样，有哪些地方是不同的，咱们可以到书上去找一找。这样做既让学生复习了我的电脑的窗口组成，又拉近了学生和新软件的距离。

●对载体的使用问题

本课是以书写环保倡议书为载体。部分教师在教授本课时，花去较多的时间反复强调环保倡议书的组成部分，从而影响了本节课的教学任务。笔者认为，教师可以出示一张已经书写好的环保倡议书，让学生看一看并与同座位分析下有几个组成部分，比让学生去空想效果要好得多。

●输入法的选择问题

笔者认为对于输入法的选择，教师可以依据自己所在机房的情况灵活处理。由于现在机房安装较多的可能是搜狗输入法，那教师就应该根据目前的需要改变输入法教学，选择学生更易接受的输入法来教学。

●汉字录入问题

汉字的录入因学生信息素养不同而存在差异的问题比较难解决，本书建议教师在平常教学的间隙，比如课前、课中、课后都强调让学生强化训练，使学生的汉字录入速度有所提高，因为目前的教材体系已经无法安排更多的课时来给学生强化汉字录入的练习。

4-2 课例 2——建立班级课程表

分析教学难点或常见问题

“建立班级课程表”是安徽省编 2013 年出版 2015 年第 5 次印刷《小学信息技术》四年级下册第 1 单元第 1 课的教学内容，主要介绍了 Word 软件的 表格的插入方法。本课的目标主要是让学生知道表格的组成部分，学会怎样设计表格，掌握制作表格的基本方法。本课在日常的教学中，笔者认为会出现下列问题：

●问题表现 1

在实际的教学过程中，很多教师对表格的规划缺乏认识，觉得没有必要花很多的时间去介绍规划，他们认为把如何制作表格交给学生就可以了。

●问题表现 2

对于表格的插入教材上介绍了两种方法，教师在讲解的过程中也只按照教材上的方法来讲解，将两种方法都介绍一下，然后学生自己开始操作。

●问题表现 3

有些教师说，教材里提到“Word 软件”的具体版本为 2003，而很多城市中小学的机房已经开始安装 2007 或者 2010 这样的版本。机房使用的 Word 软件版本和教科书的版本不一致，可能会导致学生机的 Word 软件界面和教材图示的 Word 软件界面不一致，影响教学效果。

●问题表现 4

有些教师对表格中文字的复制方法介绍得较少，只按照书本上或者是自己掌握的方法来讲授，忽略学生的感受和认知。

解决方法参考

针对以上问题，笔者想说表格是学生在进行文字处理时必须要掌握的重要知识。与文字的表达相比，表格对信息的表达更加清楚和直观。

因此，制作表格是小学生必须要掌握的一项基本技能。

●**缺乏对规划的重要认识**

我们在做一个作品前，最重要的事情就是规划，规划得好往往会使我们在后面的制作过程中事半功倍。而很多信息技术教师觉得自己只要教技术就可以了，忽略了我们新课标三维目标的第三个目标——情感态度和价值观的培养。

●**两种插入表格方式的对比**

教师活动	学生活动	设计意图
(1)师：同学们，今天我们介绍如何在 Word 文档中插入表格，有同学会吗？ (2)教师介绍两种方法，请同学们思考哪种方法更便捷？	(1)学生回答。 (2)学生思考。	使学生在接受知识的同时去比较不同方法的优劣，进而选择更适合自己的方法去制作表格。

对于以前没学过的知识，教师可以从介绍知识点入手，提醒学生我们要仔细对比多种方式的优劣，思考哪种更适合自己，让学生带着问题和老师一起走，否则就会变成教师单纯地教，学生只能单纯地听。学生带着问题去学习往往效率更高。

●**软件版本的问题解决**

教师活动	学生活动	设计意图
(1)师：同学们注意啦！由于咱们的机房是新建的，你看咱们今天用的软件界面都和教材上的不一样哦，找一找哪些地方不一样，我们该怎么操作？ (2)教师讲解不同的地方。	(1)学生对比教材和机房的软件异同点。 (2)学生按照新版本软件进行操作。	教师讲解即使软件的界面略微有所不同，但是原理是一样的，从而让学生明白实际使用软件和教材上的软件有不同的是正常的，要学会灵活变通。

●**文字复制方法的问题解决**

教师在介绍此问题时，可以询问学生以前在学习 Word 软件碰见相同的文字或地方时是如何处理的，使用了哪些方法，请学生来回答。学生会争先恐后地介绍自己的方法，介绍的方法可能比书上的还要多，也会有同学介绍书上的方法，这就将教师一味地教，变成了学生的讲解，不仅活跃了课堂气氛，还拉近了师生的距离，教学效果也会好很多。

4-3 课例3——表格的边框修饰

分析教学难点或常见问题

“美化班级课程表”是《小学信息技术》2014年第3次印刷版第4册第1单元第3课的教学内容，介绍了表格的边框、底纹和文字格式的设置，其中重点有表格边框、底纹的设置等。

●问题表现1

对于表格边框、底纹的设置，自定义边框设置是一个难点，学生需要先单击边框的类型，再选择线型和颜色，最后确定。

在教学过程中，表格边框设置可以有两种方法实现，一个是通过“边框与底纹”的设置，另一个是通过“表格和边框工具栏”中的“外侧框线”按钮设置。

如果教师在讲解过程中对于操作的次序强调得不够，学生在操作过程中就容易出现问题，如边框设置的与预期不一致等。

解决方法参考

教师通过案例教学，让学生自主探索并以小组合作的方式完成任务。

●案例1

第一，情境导入。

教师活动	学生活动	设计意图
(1)在前面所学的基础上，展示一个有内容的表格和一个美化之后的表格并进行对比。 (2)引出知识点：表格的边框设置。	(1)学生找出不同点。 (2)初步实践。	问题导入，学生自主探索。

第二，知识讲解。

教师活动	学生活动	设计意图
讲解边框设置，操作演示： (1)介绍课本的方法。 (2)让学生使用书本中的方法 2 进行实践。 (3)比较两种方法的不同。 (4)开放性任务展示。	(1)学生模仿操作。 (2)学生实践。 (3)学生自主探索。 (4)学生讨论交流。	实践探索。

第三，作品自评与互评。

教师活动	学生活动	设计意图
(1)展示学生作品。 (2)问题讨论。 (3)总结关键问题，重点讲解。	(1)学生自主查找自己作品中的问题。 (2)学生回答。	小组合作。

第四，知识讲解 2

教师活动	学生活动	设计意图
(1)展示表格单元格对齐和表格对齐的效果。 (2)引出知识点。 (3)知识点讲解操作：单元格对齐是对单元格内容选中之后，通过右击菜单实现；表格的对齐方式是先选中整个表格，再通过格式进行设置。	(1)学生比较两者区别。 (2)学生自主实践。	观察探索。

第五，归纳总结与拓展。

教师活动	学生活动	设计意图
(1)归纳知识要点。 (2)提出拓展任务：以班级签到表为例，制作完整的表格。	(1)学生主动参与知识归纳。 (2)学生课后实践。	小组合作。

4-4 课例 4——美化班级课程表

分析教学难点或常见问题

“美化班级课程表”是安徽省编 2013 年出版 2015 年第 5 次印刷《小学信

息技术》四年级下册第1单元第3课的教学内容，主要介绍了如何修饰课程表的边框线、设置文字的颜色和底纹效果。本课在日常的教学中，笔者认为会出现下列问题：

●问题表现1

在具体的教学中，教师们会为了教这三个内容而教，即纯粹地为了教而教，使学生机械地获得这些知识和技能，却忽略了让学生了解为什么要这么做以及这样做的目的是什么。

●问题表现2

有些教师严格按照书上介绍的操作步骤去设置文字的格式，比如在设置文字格式时只介绍书上的一种方法而不进行扩展延伸，怕耽误学生的上机时间。

●问题表现3

有的教师对边框和底纹的设置方法也和书本同步，不懂得发散自己和学生的思维，有的教师甚至要求学生设置的和教材上的一模一样。

解决方法参考

针对以上问题，笔者想说我们教学目的不是让学生简单地知道一些格式的设定方法，教师应根据实际的情况予以调整，如果我们的教师只教授指定的教材，学生也只能学习指定的教材，那当版本更新后，学生还是不会操作。所以，教师可以采取灵活运用教材的方法或通过学生的实际体验来教学，而不是为了教而教。

●只传授技能问题的解决

其实，对很多学生而言，如果教师只是完成教授技能的工作，那么这项学习工作完全可以到外面的培训机构完成。学校之所以存在，是因为要将学生培养成德智体全面发展的人。信息技术的课堂也不能仅仅为了教授技能，还要让学生知道教师为什么这样做，这样做的好处在什么地方，而教师可以让学生来说一说，谈谈他们的体会和感悟。比起教师只教授技术，学生更希望知道这样做的好处在什么地方，只有让学生理解了好处，才能对他们技能的培养会起到了更好的推动作用。

●文字格式设定的问题解决

教师活动	学生活动	设计意图
(1)师：同学们，你们以前如何设定文字的颜色、字体的？还记得吗？ (2)师：请同学们按照以前知道的方法设定文字的颜色、字体，开始吧！	(1)学生回答。 (2)学生实践。	从原有的知识迁移到今天的知识。

对于以前学过的知识，教师可以从原来学过的知识点入手，提醒学生：以前你是不是学过类似的内容？你是如何操作的？书上是如何介绍的？咱们可以到书上去找一找。它和你以前学习的内容有什么不同？你认为哪个更好？这样做既复习了前面第三册学习的内容，又介绍了今天所学的内容。教师可以从学生已知的知识入手，逐层深入并比较两种方法的优劣，让学生明白设定文字的格式不是只有一种方法，而是有多种途径，不管学生掌握了哪一种，只要会操作即可。

●对边框和底纹的设定处理

修饰边框是为了让表格美观，富有个性化。因此，老师在教授表框的设定时，就可以让学生根据自己喜欢的线型、颜色和宽度去设定，而不能要求所有的学生都跟教材上的一模一样。学生是一个个鲜活的个体，如果教师要求他们设置的和教材一样，就会抹杀他们的个性化。

填充底纹能让表格生动、美观、醒目，表格的底纹可以选择颜色或图案样式。教师在教授此知识点时，可以先出示一张已经做好了的底纹效果，然后告知学生最后要达成的效果，并且提醒他们可以根据自己的喜好来设定底纹的颜色，可以和教材上的不一样。这样做可以充分发挥学生的主体地位，使学生真正成为课堂的主人，会根据自己的情感体验区设定颜色，当他们发现设定的颜色不好看时会自动调整。如果教师强制要求学生按照教师的喜好去做，就严格限制了学生的思维和创作能力，学生也会失去参与的热情，从而渐渐丧失对信息技术课的兴趣。

4-5 课例5——小报版面先设计

分析教学难点或常见问题

“小报版面先设计”是安徽省编2013年出版2015年第5次印刷《小学信息技术》五年级上册第1单元第1课的教学内容，主要介绍了利用Word软件制作小报。教师通过本课的教学，让学生了解电子报刊的制作过程，培养学生分析、规划电子报刊的能力，激发学生对制作电子报刊的学习兴趣，为后面其他课程的学习打下良好的基础。本课在日常的教学中，本文认为会出现下列问题：

●问题表现1

在具体的教学中，教师会忽略电子报刊的定义，只告诉学生什么的样式是电子报刊，而对电子报刊具备的要素等不作详细的说明，导致学生不知道什么是电子报刊。

●问题表现2

学生对为什么要制作电子报刊，做给谁看，需要选择哪些信息不明确，对电子报刊的特点也不清楚，为此教师在教学前应做好完整的铺垫。

●问题表现3

电子报刊的规划在很多教师看来无关紧要，很多教师都只是教授知识。规划的好坏往往决定了一个电子报刊的优劣，配图、色彩以及布局等都是在规划时必须要考虑的问题。

●问题表现4

本课以电子报刊为载体，重点是让学生掌握电子报刊的定义和组成部分，对电子报刊有初步的设计思想，但是很多教师在讲解本课时，反复强调电子报刊的组成部分。

解决方法参考

针对以上问题，笔者想说本课的重点是让学生了解电子报刊的基础知识,特别是电子报刊的组成。在介绍完电子报刊的知识后,教师要进一步讲解电子报刊的制作过程:首先是设计规划板报的版面,并能绘制出版面草图;其次根据电子报刊的内容需求,通过上网或者其他方式收集电子报刊的素材;最后根据设计的版面和收集的素材,利用计算机进行具体创作,并在创作过程中不断地修改和完善。

●电子报刊的定义

教师活动	学生活动	设计意图
(1)师:同学们你们看到过电子报刊吗? (2)师:你觉得什么是电子报刊?	(1)学生回答。 (2)学生尝试操作。	使学生了解电子报刊的定义。

其实,很多学生都不知道什么是电子报刊,这就需要教师给出明确的定义:电子报刊就是数字化的非纸质报纸,是利用文字、表格、图形、图像等素材和相应的处理软件创作的作品。教师在课堂上要求学生制作的电子报刊应能反应班级或者校园生活的内容,以文字表达为主,辅以适当的图片、视频或动画。

●对电子报刊特点的处理

教师活动	学生活动	设计意图
(1)师:同学们,我们为什么要制作电子报刊? (2)师:你觉得电子报刊有哪些特点?	(1)学生回答。	提问引起学生的兴趣。

教师在教学中要强调制作电子报刊的必要性,同时要指出电子报刊作为数字化的报纸,应当具有数字媒体的特点,同时兼具报纸的基本要素。教师要指导学生制作电子报刊应包含报名、报刊号、出版单位或出版人、出版日期和版面数、导读栏等报纸所包含的要素;在导读栏中应设置超链接,可以使用多媒体来丰富报刊效果;要有报头、报眼、版位、栏目等;要慎重选择电子报刊的选题,在选题时要遵循以下原则:内容健康,积极向上,贴近生活,题材新颖,具有鲜明的地方特色。

●电子报刊的规划

本课重点在于强调电子报刊的规划,而部分教师在教授本课时,反复强调如何制作电子报刊,对规划的问题避而不谈。笔者认为,只有先制定好规划才能制作出好的作品。为此，教师在教学中可以发给学生一定大小的纸张，让学生先思考要做什么样的报刊，然后选好题目开始在纸质上画一画，使学生对报刊的规划有清楚的认识。正所谓“磨刀不误砍柴工”，如果教师不花费一定的时间让学生了解制作一个作品需要合理的规划，那么就很难达到好的教学效果。让学生具备一定的规划能力，也是对学生信息素养的一种培养。

●对载体的使用问题

本课是以电子报刊为载体，部分教师在教授本课时，花去较多的时间反复强调电子报刊的组成部分，从而影响了本节课的教学任务。笔者认为，教师可以展示一张已经制作好的电子报刊，让学生看一看并与同座位分析下有几个组成部分，比单纯地让学生去空想的效果要好得多。

4-6 课例 6——班级照片添光彩

分析教学难点或常见问题

“建立班级课程表”是安徽省编 2013 年出版 2015 年第 5 次印刷《小学信息技术》五年级年级上册第 1 单元第 3 课的教学内容，主要介绍了在小报中插入图片，并对插入的图片进行简单的调整，包括设置图片的环绕方式、调整图片的大小。插入图片在 Word 软件的学习中非常重要。本课在日常的教学中，本文认为会出现下列问题：

●问题表现 1

在具体的教学中，教师们会忽略教学生如何精确调整图片的大小。很多教师在讲解本课时，会介绍如何插入图片，而对图片的大小处理则采取利用鼠标拖动的方式，殊不知鼠标的拖动只能粗略地调整大小。

●问题表现 2

很多教师在介绍本课时对图片工具栏介绍得不够详细。其实图片工具栏上很多按钮的作用十分强大，比如设置透明色、裁剪等按钮，但是教师在讲解的过程中都容易忽略，导致很多学生虽然学过了本课，但是一旦一张图片上有水印，很多同学就觉得无从下手，不知道如何去处理。如果教师认真安排本课教学，学生只要简单的几步就可以将水印去掉，而不用去学习专业的图片处理软件。

●问题表现3

很多教师对图片的环绕方式介绍不清，甚至他们也不知道这些环绕方式的区别，笼统地让学生去做一做，学生制作了以后还是不清楚几种环绕方式的区别。

解决方法参考

根据教材的安排，本课主要围绕两个教学内容来进行，即“插入图片”和“设置图片属性”。其中“插入图片”主要是向学生介绍在Word中插入图片的一般方法；“设置图片属性”涉及的内容较多，也比较重要，是本课的重点也是难点。那么如何解决教师们遇到的上述问题呢？

●如何精确地调整图片大小

教师活动	学生活动	设计意图
(1)师：同学们，你们会插入图片了吗？请大家看看老师插入的这张图片有什么问题？ (2)师：如何将插入的图片变成我们指定的大小？	(1)学生回答：图片太大。 (2)学生尝试操作。	故意错误出示太大的图片，引导学生修改图片的大小。

其实，对很多学生而言，实战操作比单纯地去听教师讲解要实用的多。教师反复地告诉学生图片不能太大，不如将一张太大的图片直接展示给学生看。当学生看见了因图片太大而出现的问题后，才会去思考：我不能插入这么大的图，如果我插入的图就是这么大，我该如何去处理呢？学生这时是带着问题去思考的，从而会更加明确制作过程的目的性。当学生学会用拖动鼠标的方式来控制图片大小时，教师可以适当增加难度提问学生：如果设定这张图片的宽度和高度分别为多少，应该如何操作呢？总之，教师应该依据学生的情况一步步将学生引进自己设定的情境中，而不是单纯地去告诫他们应该怎么做。学生只有亲自参与了

这个过程，才能深刻地体会到如果只要多宽多高的图片应该如何处理，即精确地定图片大小是怎么操作的。

●图片工具栏的认识

教师活动	学生活动	设计意图
(1)师：同学们请看，老师今天带来了一张图片，可是在下方有个网址，我想去掉怎么办？ (2)师：可是专业的软件我不会怎么办呢？ (3)巡视指导。 (4)总结操作步骤。	(1)学生回答：用专业的图像软件处理。 (2)学生按照课本上的方法试一试。 (3)学生汇报自己是如何操作的。 (4)学生演示操作。 (5)学生自学其他工具的使用。	以问题来激发学生的学习热情。

图片工具栏的介绍是本课的重点也是难点，很多教师在介绍本课时会忽略这一点，甚至很多教师自己连这些工具栏都没有使用过。其实工具栏中有些小工具非常实用，比如裁剪工具可以去掉简单的水印，但是很多教师都不会使用这些工具。

●图片环绕方式的解决

教师活动	学生活动	设计意图
(1)师：同学们注意啦！请你们操作下，将我们插入的图片移动到指定的位置。能移动吗？（默认的环绕方式是嵌入型，无法调整位置。） (2)师：那你知道我们一共有几种环绕方式吗？它们都有哪些不同？请大家试一试。 (3)教师列出各种方式的差异，可以截图说明，让学生理解各种环绕方式的区别。	(1)学生操作后回答：不能移动。 (2)学生按照要求自学并进行操作。	故意设置困难让学生去探究。

教材在介绍本知识点时只是简单带过，但是本文认为很多教师都不清楚几种环绕方式的区别，那么教师是否有必要让学生清楚这几种方式的区别呢？这是非常有必要的，因为如果只会操作而不懂几种方式的区别，学生就不会知道在什么地方使用什么样的环绕方式。为此，教师可以用截图的方式告知学生各种环绕方式的区别，而学生可以先自己制

作，然后在教师的总结下认真了解各种环绕方式的差异，最后通过自己的制作去了解这些差异。学生只有明白了这些差异，才能在以后的使用中得心应手。

5 中学信息技术课例研究

5-1 课例 1——班级奖状速生成

分析教学难点或常见问题

“班级奖状速生成”是安徽省编 2015 年 7 月第 1 次印刷《中学信息技术》八年级上册第 2 单元第 3 课的教学内容，主要介绍了邮件合并的使用。本课在日常的教学中容易出现下列问题：

●问题表现 1

有些教师直接就开始讲解邮件合并的知识点，使得学生对于教学内容的兴趣不大。如果教师让学生先感受邮件合并的功能，就可以提高学生学习的兴趣。

●问题表现 2

有些教师在介绍“邮件合并”的操作时，对于数据源的介绍，一般是利用现有的数据源，有的时候对于数据源的格式强调的不够。

●问题表现 3

在介绍“邮件合并”时，教师对于“合并域”的添加讲解，不能仅仅要求学生从操作上会做，也要注意学生对于合并域的理解。

解决方法参考

针对以上问题，本文认为在教学过程中，合理的教学环节设计可以达到更好的学习效果。

第一，内容导入，激发学生兴趣。

教师活动	学生活动	设计意图
(1)提出任务：老师要完成班级20位同学的奖状制作，如何完成？展示效果。 (2)请学生试一试。 (3)请同学说说如何实现？ (4)引出新课内容，今天学习用一种快捷的方法完成——邮件合并。	(1)学生回答。 (2)学生尝试操作。 (3)学生回答。	先让学生动手尝试，并提出新的快捷的解决办法，激发学生学习兴趣。

第二，知识讲解。

教师活动	学生活动	设计意图
(1)说明邮件合并的功能：批量处理文档。 (2)讲解邮件合并的步骤： ①准备数据源。 ②建立主文档。 ③邮件合并。 (3)步骤演示。 ①准备数据源：打开已有的数据源，让学生观察数据源的特点。 尝试让学生自主制作一个数据源。 ②建立主文档：打开已经制作好的奖状素材进行加工。 ③邮件合并：主要介绍邮件合并工具。 连接数据源—插入合并域—执行合并；其中介绍域的概念。 (4)总结归纳。	(1)学生听课。 (2)观察过程。 (3)学生回答。 (4)学生尝试操作。 (5)理解概念。 (6)学生实践。	边讲边练，让学生了解整个流程。

第三，知识拓展。

教师活动	学生活动	设计意图
(1)展示邮件合并制作的文档：信函、参赛证、通知等。 (2)让学生观察并讨论如何完成。 (3)布置任务：完成学生成绩单的批量制作。	(1)学生拓展思维。	让学生更深理解邮件合并的功能。

5-2 课例 2——文档页眉页脚的设置

分析教学难点或常见问题

“文档页眉页脚”是安徽省编 2015 年 7 月第 1 次印刷《中学信息技术》八年级上册第 2 单元第 1 课“策划方案巧编排”中的教学内容。本课在日常的教学中容易出现下列问题：

●问题表现 1

页码的设置对于长文档是比较重要的，教师在教学中容易忽略强调页码设定对于文档的作用，使得学生为了学操作而操作。

●问题表现 2

页眉页脚的视图和正文编辑的视图是不一样的，教师在教学中如果没有强调两者的区别，学生很容易出现操作错误。

解决方法参考

针对以上问题，笔者认为在教学过程中，教师要以任务驱动、学生自主探索的模式进行讲解，从而让学生更加理解学习的内容。

●案例(约 15 分钟课堂教学时间)

第一，动手实践，引入本课课题。

教师活动	学生活动	设计意图
(1)师：老师要出两个任务： ①请将手上的课本翻到 35 页。 ②请将我们这节课的素材“策划方案”电子文档找到其 15 页。 (2)师：大家实践中能不能顺利完成呢？ 引出新内容：页码的添加。	(1)学生动手实践。 (2)学生回答。	通过动手实践，学生对长文档的页码作用有了深刻的认识。

第二，操作演示：完成页码的添加。

教师活动	学生活动	设计意图
师：我们一起来完成页码的添加。 (1)进入编辑状态(视图—页眉和页脚)。 请大家观察一下，页面此时的状态。 引出：页眉页脚视图和正文编辑视图的区别。 (2)插入页码。 使用页眉和页脚工具栏，切换到页脚，再插入页码。 (3)设置页码格式。 强调在设置完毕后退出编辑的状态。请学生尝试实践。	(1)学生观察。 (2)学生回答。 (3)学生观察。 (4)学生操作。	教师在操作演示中让学生积极参与思考，促进知识的内化。

第三，操作演示：页眉的设置。

教师活动	学生活动	设计意图
(1)师：展示成品效果，比较不同。 引出：页眉的添加。 提问：如何能实现？ 提示：页眉和页脚位置的不同，在相同的视图下编辑。 (2)让学生小组合作，自主尝试。 (3)查看学生实践效果，总结操作过程。	(1)学生观察并回答。 (2)学生小组实践。	页眉和页码的设置操作基本类似，学生学会知识迁移。

第6部分

“网络应用”模块课堂学习与课例研究

6

1 学业标准要求

1-1 国家纲要要求及安徽省现今教学有关要求

国家纲要要求

2000年，教育部发布《中小学信息技术课程指导纲要（试行）》，其中对小学信息技术阶段的“模块五——网络的简单应用”提出以下教学目标要求：

（1）学会用浏览器收集材料。

（2）学会使用电子邮件。

同时，纲要对中学信息技术阶段的“模块五——网络基础及其应用”提出以下教学目标要求：

（1）网络的基本概念。

（2）因特网及其提供的信息服务。

（3）因特网上信息的搜索、浏览及下载。

（4）电子邮件的使用。

（5）网页制作。

安徽省现今教学有关要求

安徽省结合本地特色，遵循教育部《中小学信息技术课程指导纲要（试行）》的精神，对小学信息技术“网络应用”模块提出了如下要求：

模块五——网络的简单应用

（1）了解有关网络的基本常识。

（2）学会使用浏览器浏览信息，下载并保存有用信息。

1-2 小学信息技术纲要解读及分析

通过对《中小学信息技术课程指导纲要（试行）》的解读及结合安徽本地情况的分析，我们可将小学信息技术课程中“网络应用”模块的培养目标分为以下四个方面：

1-2-1 信息意识

（1）在上网的过程中，体会网络搜索信息的方便与快捷，感受网页制作的精美，利用网络进行自主学习。

（2）感受关键词及分类目录搜索的优势，初步养成合理利用关键词搜索的习惯。

（3）养成经常整理收藏夹的良好习惯，提高网络使用效率，感知信息的重要性。

（4）通过申请邮箱和收发邮件，培养互助合作精神，培养利用网络来交流信息的兴趣与意识。

1-2-2 信息知识

（1）了解什么是 IE 浏览器，理解网页、网址、超链接等概念。

（2）了解常用的搜索引擎网站，如：百度网站。

（3）了解电子邮件的基本常识，如电子邮箱、电子邮件、电子邮箱地址格式、撰写电子邮件的格式等。

（4）了解博客的含义。

（5）了解常用的无线网络连接方式。

（6）了解飞信、微博以及云盘的功能。

1-2-3　信息技能

（1）掌握 IE 浏览器工具按钮的使用及设置主页的方法，学会网址的收藏及整理。

（2）掌握搜索引擎的使用技巧，学会通过分类目录查找所需信息。

（3）学会使用百度搜索文字、图片、音频等不同媒体文件并下载保存。

（4）掌握申请电子邮箱、回复邮件、转发及使用邮件附件发送图片等资料的方法，学会电子邮件的收发及整理。

（5）掌握申请和登录博客的方法，学会使用博客进行交流和发布信息，能对博文进行分类及适当的美化，学会在博客中建立相册、上传照片、添加好友等操作。

（6）学会使用平板电脑连接 wifi 上网以及使用蓝牙传输文件的方法。

（7）学会注册飞信、添加好友、发送免费短信或群发短信的方法。

（8）学会注册、登录、发布微博并关注好友，学会使用微群共享文件。

（9）学会登录云盘以及上传并下载云盘素材的方法。

1-2-4　信息道德

（1）遵守《全国青少年网络文明公约》，形成健康的网络道德意识，做一个合格的信息社会公民。

（2）树立正确的网络知识版权保护意识，合法使用网络信息。

（3）在网络交往中养成客观公正、尊重他人的习惯。

（4）负责任地使用网络，不要沉迷于网络。

1-3　中学信息技术纲要解读及分析

通过对《中小学信息技术课程指导纲要（试行）》的解读及结合安徽本地

情况的分析,我们可将中学信息技术课程中“网络应用”模块的培养目标分为以下四个方面。

1-3-1 信息意识

(1)养成使用即时通讯软件交流信息的习惯,感知信息交流的重要性。

(2)培养使用网络便利生活的意识,深刻体会利用网络搜索信息的方便与快捷。

(3)养成使用云盘储存文件的习惯,感受网络时代信息存储与交流的便利。

(4)了解网络购物的便利与风险,形成网络使用安全意识,通过安装并经常使用杀毒软件等措施进行防护。

(5)养成信息时代网络自主学习的良好习惯,充分利用微课等网络资源自学。

1-3-2 信息知识

(1)了解 QQ、MSN、阿里旺旺等常用即时通讯软件的功能。

(2)了解中国天气网、百度地图等常用网站的功能。

(3)了解云盘的功能与常用软件。

(4)了解当当网等常用购物网站的使用方法。

(5)了解安徽基础教育资源应用平台等常用网站,理解微课的概念。

(6)了解网上班级社区的概念。

(7)了解即时通讯软件的特点。

1-3-3 信息技能

(1)掌握登录 QQ 软件并查找、添加好友的方法,学会使用文字、图片、视频等方式进行交流。

(2)掌握在 QQ 空间中书写日志、上传照片进行交流的方法。

(3)掌握在 QQ 中发起并参与投票、输入评论等基本操作,学会使用 QQ 群截图工具截取图片、添加标注、并上传发布。

(4)学会使用中国天气网查询当前城市的天气。

(5)学会在中国铁路客户服务中心网站上注册用户、查询车次并提交订单。

(6)学会使用当前城市的公交网站查询公交线路信息。

(7)学会使用网络地图查找预定地点的地理位置及最佳路线等信息。

(8)掌握安装、注册云盘的方法,学会使用云盘备份并分享图片等不同类型的文件。

(9)掌握在购物网站上注册并激活账号、填写提交订单等基本操作,学会网上查找并购物的方法。

(10)学会查找并下载微课资源的方法。

(11)掌握在网上班级社区中注册、书写博文并评论的方法,学会上传视频并分享。

(12)掌握使用杀毒软件清除木马、修复漏洞等基础操作。

(13)掌握利用电子邮件收发软件的使用方法。

(14)学会网页制作的基本技能技巧。

1-3-4　信息道德

(1)在网络实时交流过程中尊重他人,不发表不负责任或带有侮辱性的言论。

(2)严格遵守《全国青少年网络文明公约》,养成健康文明的网络使用习惯。

(3)遵纪守法,不在使用网络过程中对社会和他人造成危害,做一个遵纪守法的网络时代公民。

2　小学信息技术学习关键问题及指导

2-1　IE浏览器的基础应用

信息技术是一门实践性极强的课程,尤其"网络应用"模块涉及IE浏览器的使用技巧等知识点。对此,本文认为可由教师巧妙地安排教学设计环节,以任务驱动的方式引导学生有效学习。部分信息技术教师对什么是任务以及如何设计合理的任务理解不透彻，导致课程效果差强人意。

任务驱动法以建构主义教学理论为基础，通过对教学目标进行有效的组织，从而设计出以完成一定教学任务为中心，植根于真实情境及寓教于乐的学习环境，引导学生在完成任务的过程中学习知识、掌握技能。在网络应用模块中使用任务驱动法，教师应以任务为明线，以培养学生掌握网络应用技能和问题解决能力为暗线，体现以教师为主导、学生为主体的基本特征。例如，第 6 单元 4-3 中的案例即是以完成查找生字任务为明线，以培养学生网络搜索能力为暗线设计。在任务驱动法中对于明线与暗线的设计，教师需注意以下两点：

首先，在网络模块中运用任务驱动法时，教师往往容易将暗线的设定仅局限于信息技能的操练，如网络搜索有效性及效率的培养，而忽视了中学生对信息技术课堂学习方法的顿悟以及对信息文化的感受与内化，导致信息技术课堂学习存在缺憾。需要注意的是，暗线的设计一般以学生需掌握的信息技术知识技能、具体能力以及道德意识为导向，是与教学目标相关的。换言之，教师在网络应用模块中使用任务驱动法时，不仅需要关注结果（如是否搜索到所需信息），更应关注过程中的所得（在网络搜索过程中积累的信息处理能力与网络安全道德意识）。

其次，明线的设计需简单明了，在贴近学生生活实际的基础上与教学内容紧密关联，并具备一定的可操作性。设计的任务最好是来源于学生真实的学习或生活实际，为学生所熟悉，具有代入感的课堂情境，而不是教师为了技能训练生编硬造的场景。如第 6 单元 4-3 中设计以搜索生字任务，就是一种贴近生活实际的设计。

2-2 搜索引擎的使用技巧

在小学信息技术课程中，网络应用模块的课堂学习难度相对较大，而处于小学年龄段的学生自控力往往较弱，导致在网络应用模块课堂教学中经常出现类似“教师要求搜索某方面信息，学生却打开游戏页面”的情况。再者，部分信息技术教师误以为“以学生为中心”就是任由学生自主决定学习内容及方式，任由学生在网络遨游而无中心任务，将“自主学习”理解为“自由学习”。事实上，小学生的年龄结构特征决定其无法完全具备自主建构及独立创造的能力，因而如果教师对学生放任自流，会导致网络应用模块课堂教学效果不佳。针对这种情况，笔者建议信息技术教师采取以下两种措施：

首先，在讲解网络应用模块时采取疏而不堵的方式管理课堂，让学生部分参与到课堂规则的拟定中。如事先规定好一节课中网络搜索与自由上网的时间比例，要求学生必须完成学习任务后方可“赢”得一定浏览其他网页的时间，变控制为激励，增加课堂的趣味性。

其次，要想实现以学生为主体的课堂结构，一定要给予学生足够的“支架”，注重学习方法的指导与信息技术行为习惯的培养。如在课前进行充分的准备，以微课的方式提供图片、音乐等不同媒体文件的下载与保存方法，指导学生养成浏览完毕后返回首页或关闭网页的习惯。教师只有在提供了充足帮助的前提下，才能有效地激发学生学习网络应用模块的积极性，营造自主探究的学习氛围。

2-3 电子邮箱的使用方法

在讲解到电子邮箱的申请、电子邮件的收发等网络应用模块内容时，教师经常要求学生以小组为单位合作学习。然而，小学信息技术学习中的分组协作经常会出现“小能手独打天下，其余人坐等成果”的现象，如布置了学生两两为一组互发邮件，结果出现“一个学生申请两个邮箱、自己给自己发邮件”的情况。笔者建议解决方案如下：

首先，教师在布置了协作学习任务后，需要明确一定的分组原则，如在学生自愿的基础上尽量实行差异性分配，将不同性别、个性或学习基础的学生进行组合，这样往往能激发学生相互学习的兴趣，如在互帮互助的基础上完成电子邮箱申请与收发邮件的任务。其次，教师事先规定好协作学习的评价方式，在协作任务完成后，不仅有组与组之间的竞赛，还有小组内部的比较。

2-4　网络道德的培养

处于小学年龄阶段的学生往往自控力差，玩心较重，经常出现“老师上面讲，学生下面玩”或“老师一旦关闭监控，即刻打开游戏界面”等情况。笔者建议信息技术教师采用游戏教学法，将学生的兴趣与注意力吸引到更好玩的课堂学习过程中。

苏联教育学家苏霍姆林斯基曾经说过：“所有智力方面的工作都要依赖兴趣，兴趣是人们积极认识事物或关心某种活动的心理倾向。”当教师使用游戏的形式进行课堂教学时，学生在兴趣盎然的状态下学习，注意力与想象力均得到大幅提升，从而在乐趣中达成学习目标。例如，在了解《全国青少年网络文明公约》的过程中，教师可通过游戏问答的形式，要求学生回答关于网络现象的判断，培养学生正确的价值观与道德意识，在网络交往中养成客观公正、尊重他人的习惯。这一形式相对于简单的说教更具说服力，可以达到较好的教学效果。

3　中学信息技术学习关键问题及指导

3-1　即时通讯软件的高级应用

中学信息技术教学内容多次涉及即时通讯软件的高级应用技能技巧，包括 QQ 软件中使用文字、图片、视频等多种方式交流的方法，QQ 中发起并参与投票的基本操作，以及使用 QQ 群截图工具截取图片、添加标注、并上传发布的方法等。相对于小学信息技术的网络部分，中学的难度明显加深，容易导致学生在学习此部分时出现较大的效果差异：一部分学生由于兴趣浓、学习机会充分，会表现出相对于其他同学较熟练的操作水准；而另一部分学生则恰恰相反，甚至可能会对计算机类课程出现厌学的现象，直接导致教师在教学时“顾头不顾尾”，难以满足学生的个性化需求。

针对这种普遍的情况，笔者建议教师请部分操作熟练的学生担当“小老师”，给操作速度较慢、有一定学习困难的同学进行辅导，并从自身经验出发提醒操作时的难点、易错点。在平时的教学中，教师可对学生进行分层教学，通过不同难度的要求满足学生的个性化需求，并在他们共同进步的过程中培养其分工协作精神。

3-2 常用网络信息搜索技巧的积累

相对于小学信息技术课程学习的基础性，中学信息技术在网络搜索技能技巧方面更注重实用与实践性，如在七年级上册第 4 单元“我的探亲之旅”的教学中，教师就通过对查询天气、预订车票、查询公交线路、使用网络地图等生活中经常遇到的问题进行讲解演示，巧妙地利用任务驱动式进行有效教学。

任务驱动法是以建构主义教学理论为基础，通过对教学目标进行有效的组织，从而设计出以完成一定教学任务为中心，植根于真实情境及寓教于乐的学习环境，引导学生在完成任务的过程中学习知识、掌握技能。本文建议教师在中学网络应用模块的教学中巧妙利用任务驱动法，将网络信息的搜索与日常生活相联系，从而可以在吸引学生注意力的基础上增强其学习兴趣，达到更好的教学效果。

3-3 网上互动空间的积极应用

在中学信息技术教学过程中，有部分关于个人微博空间、班级社区等网络空间的注册，博文书写及交流评论等内容，涉及学生在网络实时交流过程中是否尊重他人，有无形成健康文明的网络使用习惯等网络道德的命题。

处于中学阶段的学生往往有比较强烈的逆反心理，教师直接宣传正面的理念未必有利于其培养正确的人生观、价值观，甚至经常出现“老师家长怎么说，我一定要反过来操作”的情况。因此，笔者建议教师对于“网上互动空间的积极应用”这一命题可另辟蹊径，采取集体辩论等形式进行教学。如教师组织学生以辩论的形式形成对网络现象的判断，培养学生正确的价值观与道德意识。这种形式相对于简单的说教更具说服力，可以达到较好的教学效果。

3-4 良好网络习惯的培养

在中学信息技术教学过程中，教学目标内容除网络资源的搜索与下载等常见技能技巧培养以外，还增加了“安徽基础教育资源应用平台”等常用网站的使用以及微课资源的下载方法。

处于中学阶段的学生已具有一定的求知欲，而教材等常见资源未必能够提供详尽的资源支持。在这种情况下，丰富的网络资源，尤其是微课等类型的视频资源，可为学生提供增长知识与见识的有效途径。因此，笔者建议教师可提供部分微课资源网站供学有余力的学生课下自行学习、拓宽视野。同时，教师应提醒学生养成良好的网络使用习惯，如安装杀毒软件并定期使用，建立安全的网络环境。

4 小学信息技术课例研究

4-1 课例 1——认识网络新朋友

分析教学难点或常见问题

从三年级第 2 册教材开始，小学生第一次接触网络知识，之前学生对网络的认识可能来源于家长或者社会，只知道网络可以用来看电视、玩游戏、购物。因此，对于小学生的网络启蒙课，教师不仅要掌握因特网的有关知识，如用 IE 浏览网页、浏览器、网址、超链接等基本概念，还要引导学生正确认识网络，合理使用网络，让学生把因特网作为学习和交流的工具，借助网络解决问题，学习更多知识。

●**问题表现 1**

作为网络开篇课，很多教师在授课时，容易把网络的相关概念当作定义教授给学生，如用课件展示“网页”“网址”“浏览器”“超链接”等概念，请同学们读一读、记一记，更有甚者还让背一背这些定义。这样做不仅浪费时间，学生还像和尚念经一样，既不感兴趣，也不理解，更记不住，完全流于形式。也有老师请学生自己阅读教材中的“知识库”，学生貌似按老师要求打开课本，其实可能翻到的是其他页面，对老师要求看的内容既没入眼也没入心。

●**问题表现 2**

第一次上网络课，学生应该是非常期待的，往往学生一上课就迫不及待地自己动手操作起来，特别是有点上网“经验”的学生可能会打开一些游戏网站玩起小游戏来。为了维持课堂纪律，控制学生的自主行为，很多教师会控制学生机，先演示操作，并一股脑儿地将本课知识点一一交代清楚。而结果是，学生也只是走马观花，实际动手操作时依然会出现这样那样的问题，还没等完成本课操作任务，下课铃声就响起来了，学生们就只好唉声叹气带着遗憾离开机房。

解决方法参考

基于本课的教学难点与常见问题，教师要合理创设教学情境，提高本课教学的生动性和趣味性，将知识点进行形象的比喻，让学生易于理解。教师可以将任务融于活动中，通过出问题、找答案、小组竞赛等方式组织教学。

●**初识网络，认识网页**

第一，创设情境，体验神奇。

教师活动	学生活动	设计意图
(1)出示课件。 咪宝：咪尼，你知道吗？我今天在电脑上认识了一位新朋友。 咪尼：谁呀？ 咪宝：它叫因特网，可厉害了！可以在它里面看绘本故事、听儿歌、学英语、做趣味数学题、还可以和其他小朋友在线下象棋呢！	(1)观看课件。	

续表

教师活动	学生活动	设计意图
咪尼:这么厉害! 咪宝:我通过它还学到了很多知识呢! 咪尼:是吗? 咪宝:我考考你:你知道为什么会打雷下雨?为什么会有风和闪电? 咪尼:为什么? 咪宝:你知道为什么会有火山爆发?为什么会发生地震?发生地震时我们该怎么逃生吗? 咪尼:不知道! 咪宝:这些问题在因特网中全部能找到答案。 咪尼:我也想认识这位神奇的朋友,快带我去看看吧! 咪宝:好呀!今天我们将和大家一起,去认识网络这位新朋友。 (2)认识网络新朋友。 师:同学们,咪宝说的没错,因特网是一个神奇的世界,它能帮助人们做很多事情,不仅给我们提供了丰富的资源,而且正改变着我们的学习和生活方式。今天我们就一起去感受网络的无穷魅力,到精彩的因特网世界中去遨游一番。	(2)认识网络的神奇功能。	教师通过课本上两个卡通人物的对话,并在课件中加入图片或视频,让学生感受因特网的神奇魅力,由此吸引学生的好奇心,开拓学生的视野,激发学习兴趣。

第二,形象比喻,讲练结合。

教师活动	学生活动	设计意图
认识浏览器		
(1)初识浏览器。 师:人们把因特网比作知识的海洋,那么我们怎样才能进入因特网这个知识的大海呢? 师:人们在大海里航行需要一种交通工具——船,那么,在因特网上遨游也需要一种工具,这个工具叫IE浏览器。 (2)观察浏览器图标。 师:请看大屏幕(出示IE浏览器图标)。 师:哪位同学能说说你对我们这个新朋友的第一印象是什么? 师:这位同学观察得很仔细,IE浏览器的图标很像一个蓝色的字母“e”。	(1)回答“船只”。 (2)答:它是蓝的,而且长得很像小写字母“e”。	教师围绕教学目标用对比的方法,将理论与实践相结合,让抽象的术语变得通俗易懂,便于学生记忆。教师通过讲练结合,将枯燥的知识在轻松的活动中渗透。

续表

教师活动	学生活动	设计意图
(3)找一找浏览器。 请同学们在自己的电脑上找一找。 师：找到了吗？ (4)打开 IE 浏览器。 师：现在，我们就开始尝试打开 IE 浏览器，来感受它的神奇。请大家把鼠标移动到 IE 浏览器图标上，快速单击鼠标左键两下。 (5)IE 浏览器的组成及作用 师：我们要想顺利走进因特网，还必须认识 IE 浏览器的组成，请同学们在目前打开的网页窗口观察窗口组成，结合“我的电脑”窗口认识各部分作用。	(3)在自己的电脑桌面上找到浏览器。 (4)打开 IE 浏览器。 (5)认识 IE 浏览器的组成并说一说各部分的作用： 标题栏：这最上面的蓝色长条部分用来显示当前网页的名称，我们当前打开网页名字叫“123 上网从这里开始”。 工具栏：这下面的一栏是工具栏，上面标明了上网浏览网页时常用到的一些工具。它就好比是船的控制室，能通过这些按钮让船后退、前进、停止等。 地址栏：最下面的叫地址栏，它的作用是输入或显示网页网址的，就好像我们的家庭住址。	
浏览网页		
(1)认识首页。 师：请同学们在浏览器地址栏输入“中国科普博览网”。在因特网这座巨大的图书馆中，中国科普博览网就像其中的一本图书，输入查找这本书的网址之后，找到并打开的这一页，就是这本书的“首页”。 (2)认识超链接。 师：请同学们自己浏览下“中国科普博览网”的前首页，看看里面有哪些信息是你喜欢的，在浏览时你又遇到了哪些问题？ 师：把鼠标移动到想要查看的文字或图片上，请大家注意看鼠标变成什么形状？ 师：对，鼠标变成小手形状，就说明它是一个超链接，单击它就能打开指定的网页。网页超链接就好像一本书的目录，打开目录中对应章节的页数，就能浏览到具体内容了。	(1)认识首页。 (2)浏览网页。 提出疑问：网页里的内容很多，但都是标题没有详细的信息。 (3)认识超链接。 继续浏览网页。	在这个环节中，教师将因特网比作非常巨大的图书馆，把中国科普博览网比作一本书，将网页首页比作书的封面，将超链接比作书的目录。由此在动手实践中，学生的学习和操作就更有目的性和条理性，而且，学生理解了网页基本结构，就可以举一反三，今后浏览其他网页也会非常轻松。

第三，故事填空，归纳总结。

教师活动	学生活动	设计意图
(1)课程回顾。 师：今天，我和大家一起在因特网的海洋里游览了一番，解决了困惑，看到了网络世界的丰富多彩，感受到网络世界的快捷和方便，认识了许多新朋友……收获颇丰！我们一起来回顾一下今天的旅程： (2)出示课件： 首先，我们登上了一艘能让我们在因特网里航行的船，它的名字叫________，通过在地址栏中输入________我们来到了“中国科普博览网”，然后利用________打开地震方面的网页，了解了一些地震知识，最后返航时我们单击________关闭 IE 浏览器。	(1)回顾课程。 (2)总结归纳，填空。	教师通过形象的比喻将本课涉及的知识点生活化、趣味化，再通过填空进行总结，这样学生就很容易理解与因特网相关的概念。

●浏览网上信息

小组竞赛，谁与争锋

教师活动	学生活动	设计意图
(1)分组。 (2)竞赛规则。 每个小组准备一个问题，然后向其他小组发出挑战。若对方回答不出，则本组加 10 分，但本组必须给出正确答案；如对方回答正确，则对方加 10 分。轮流出题，评选最终得分最高组为获胜组。 (3)每个小组分工合作，一个人专门准备问题，其他同学分别了解不同环境下的避震知识接受其他小组的挑战。 (4)小组竞赛，教师协调组织并评判。	(1)分组。 (2)了解竞赛规则。 (3)准备比赛。 (4)开展小组竞赛。	教师通过引入竞赛机制，让学生在小组比赛中主动了解避震相关知识，吸引学生注意力，激发学生学习兴趣，培养学生的小组合作意识，让每一个学生都能参与其中。

4-2 课例 2——网上搜索信息

在小学阶段，网上查找信息主要是学习使用分类目录查找和关键词搜索网上信息。其中，分类目录查找信息要求学生掌握使用分类搜索网站搜索的方法，能正确进行分类，并找到目标网站；关键词搜索要求学生能在百度搜索引擎中输入关键词搜索需要的文字、图片、音乐等。

分析教学难点或常见问题

在《小学信息技术》2012 年版 2014 年第 3 次印刷本第 2 册第 1 单元第 3 课“网上信息我查找”一课中，“学一学”的第一个阶段任务是用分类目录查找迪士尼网站的相关信息，教材列举的案例是使用“好 123”分类目录网站进行逐层搜索。第二个阶段任务是使用关键词搜索喜羊羊图片。因为教材中给出了详细的截图和操作步骤，有些教师会要求学生参考课本完成任务，结果学生可能“照葫芦画瓢”，最终也不能理解分类目录查找和关键词搜索的区别，对于搜索技巧也从来没有思考过。

●问题表现 1

在信息技术高速发展的今天，信息瞬息万变，网站内容也是在不断更新的。如果课前老师没有认真备课并参考课本操作逐步亲自操作一遍，完全放手让学生自己操作，可能就会出现很多意外状况如下：

师：请同学们参考老师大屏幕课件（如图 6-4-2-1 所示）出示的操作步骤，使用分类目录查找“迪士尼”网站，找到你感兴趣的内容，去体验“迪士尼乐园”的精彩。

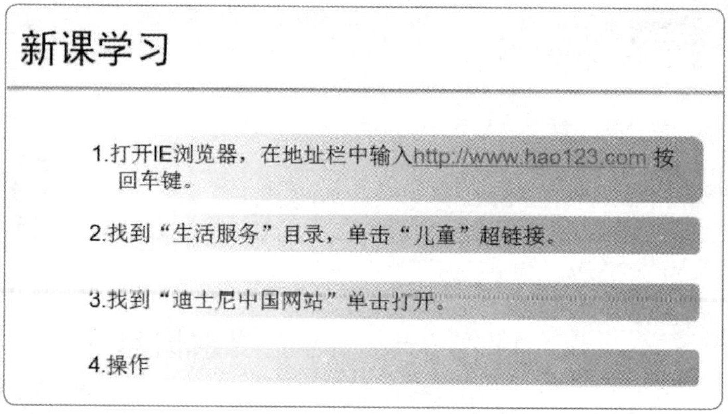

图 6-4-2-1　分类目录搜索课件

生：输入网址“http://www.hao123.com”。

师：同学们找到“迪士尼”网站了吗？

生：没有。

师：同学们可以查看课本第 22～24 页具体操作步骤，能帮助你们更快地找到分类目录超链接。

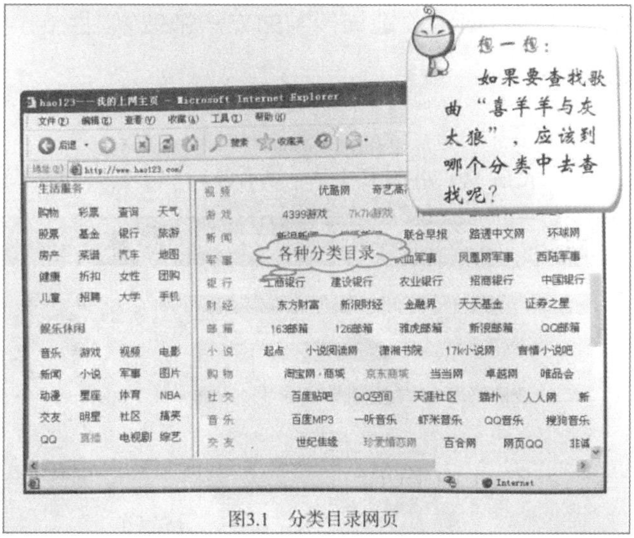

图 6-4-2-2 教材网页截图

学生用了很长时间输入了老师提供的网址，好不容易输入正确了，发现打开的网页和书本上的不一样，向老师提出疑问。

生：老师，我在好 123 网页“生活服务”(如图 6-4-2-2 所示)中找不到“儿童”。

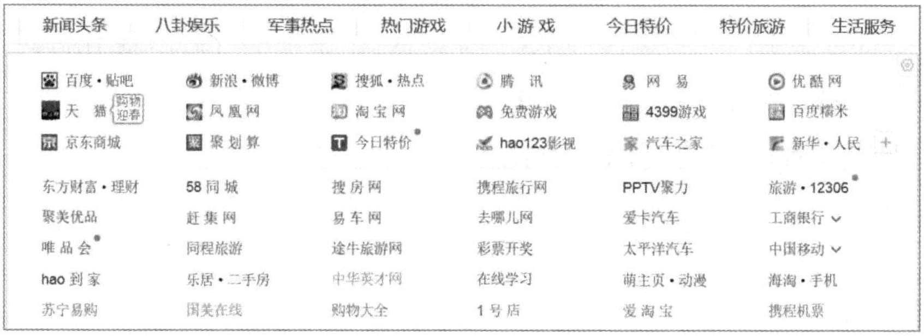

图 6-4-2-3 实际网页截图

教师通过自己实践操作发现，输入“http://www.hao123.com”网址，通过“教育/其他”“儿童”可以找到“迪士尼中国网站”。

●问题表现 2

师:同学们,你们都喜欢喜羊羊吗?

生:……

师:今天我们就学习使用关键词搜索的方法来搜索“喜羊羊”图片。你们知道什么是关键词吗?

生:不知道。

师:请大家观看大屏幕(如图 6-4-2-4 所示),并自主尝试完成任务。

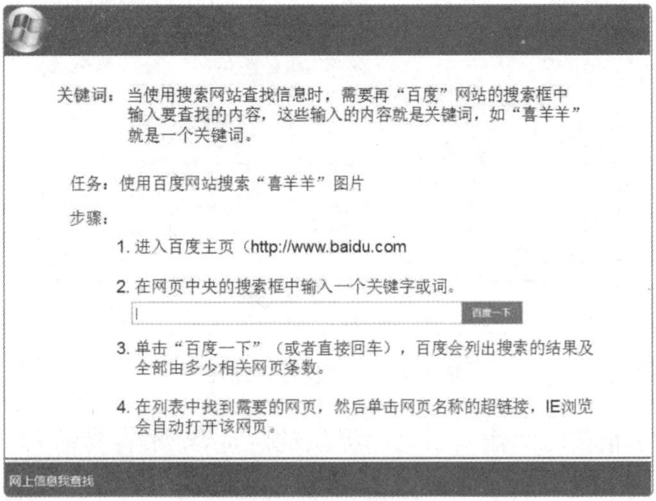

图 6-4-2-4　关键词搜索课件

一部分学生按老师课件要求,一步步查找“喜羊羊”图片,还有些同学可能就随意地上网搜索其他感兴趣的图片。

15 分钟后,教师进行课堂总结:

师:同学们你们都会使用关键词搜索喜羊羊图片了吗?

生:会。

师:那什么是“关键词”呢?

生:当使用搜索网站查找信息时,需要再“百度”网站的搜索框中输入要查找的内容,这些输入的内容就是关键词,如“喜羊羊” 就是一个关键词。

解决方法参考

网络单元的学习不能只局限于教材，因为教材只能在编写的时候选择相对最佳的案例，而网页内容是不断更新和变化的，教师面对的学生也是不同的。因此，教师必须在课前做好充分的备课，选取最适合的案例，引导学生理解分类目录及关键词的概念，并让学生充分认识到搜索技巧在搜索信息过程中的重要性，培养学生在学习过程中充分运用网络这个有利工具的能力。

●案例 1

第一，理解分类搜索。

教师活动	学生活动	设计意图
(1)师：同学们有没有逛商场的经历，如果老师想到商场里买儿童上衣，该怎么办？ (2)课件展示商场导购牌：  	(1)学生回答问导购员，看商场指示牌。	课程标准指出：根据学生已有的知识经验引入，符合学生的生活特点，展示两种在商场找衣服的方法，也是本节课介绍在互联网上搜索方法的生活体验，为下面的学习做铺垫。
(3)提出问题：我们想在浩瀚的网络中搜索“迪士尼”乐园和我们到商场买东西的过程有什么共同的地方？生活中还有哪些和分类目录查找相类似的情况？让学生小组讨论。	(2)讨论。 去图书馆查阅书籍也要使用分类目录逐级查询。	
(4)出示对比过程： 网址之家网站→商场 生活服务→指示牌(目录) 儿童类网站→儿童服饰(分类) (5)提供分类查找网站： 网址之家：www. hao123. cn 新浪：www. sina. com. cn 雅虎：www. yahoo. com. cn	(3)结合生活经验，讨论分类目录查找信息与到商场购物的相同点。 (4)理解分类目录查找的步骤。	

分类目录搜索无需输入任何文字，只要根据网站提供的主题分类目录，层层点击进入，便可查到所需的网络信息资源。因此，这对于还没有正式学习打字的三年级学生来说是比较容易的，但是难点就在于理解分类、目录的概念。根据小学信息技术课程指导纲要的精神要求，教师从学生的实际生活经验出发，把分类目录查找与到商场购物或到图书馆查阅书籍进行类比，让学生直观地明白分类、目录的概念，进而突破本节课的难点。

●案例 2

第一，理解关键词。

教师活动	学生活动	设计意图
(1)课前游戏：猜猜他是谁？ 师：上课前，我们先来做个“猜猜他是谁”的游戏。 师：他，个子不高不矮，身体不胖不瘦，脸色不黑不白，眼睛不大不小，鼻子不高不低，嘴巴不宽不窄，耳朵不圆不常。 生：猜不出。 师：他戴着眼镜，是班长。 生：方轻舟。 (2)师：第一次老师说了很多描述这位同学的信息，大家却猜不出是哪位同学，而第二次老师就说了两个词，大家就猜出是哪位同学了。这是为什么？ 师：第二次给出的描述信息很关键，利用有效的关键词语就能对号入座，找到这位同学。生活中，我们常常会使用到关键词，而在浩瀚的网络中想要找到需要的信息，也可以利用关键词来搜索。	(1)参与“猜猜他是谁”的游戏。 (2)理解关键词的概念及重要性。	课前就地取材的“猜猜他是谁”的小游戏非常有创意，不仅吸引了学生的注意力，还巧妙地通过游戏把“关键词”的概念融入游戏中。学生通过亲自参与游戏，很容易理解关键词的概念及有效关键词的重要性，为学习关键词搜索打下基础。

第二，谁与争锋，各显神通。

师：使用关键词搜索最重要的是要选择能准确表达主题的词语，例如，要想查找合肥 168 路公交车经过的站点，那么“合肥 168 路公交线”就是关键词。理解了关键词，请同学们接受第一关挑战任务，出示如图 6-4-2-5 所示课件。

生：选择答案 3。

师点评：选择“雷锋事迹”作为关键词既准确地表达了主题，又比较简练，因此选择答案 3 的同学成功闯过第一关。没有选对的同学也不要气馁，第二关把握机会。

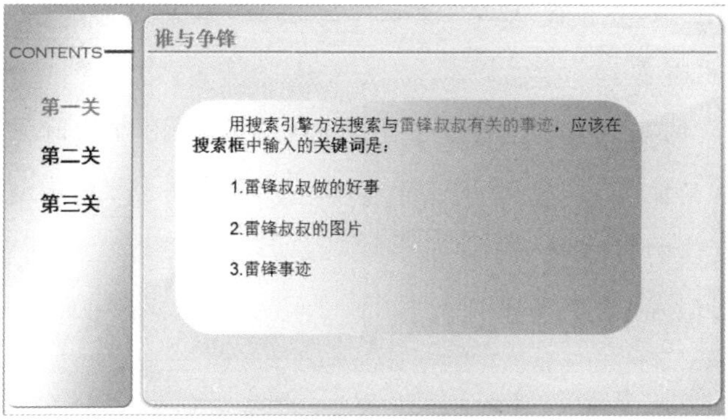

图 6-4-2-5 闯关任务(第一关)

出示如图 6-4-2-6 所示课件。

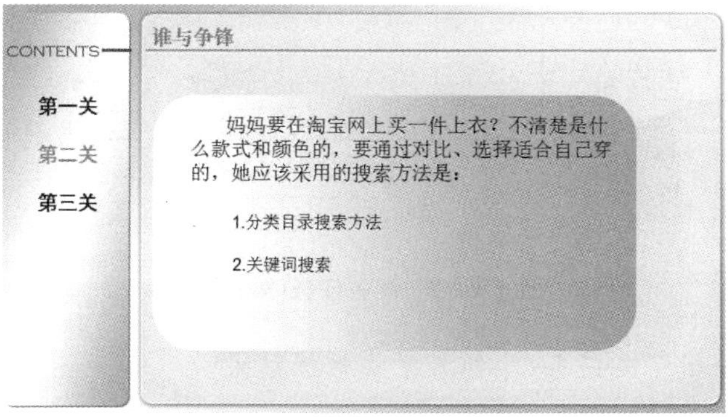

图 6-4-2-6 闯关任务(第二关)

生 1：选择关键词搜索，关键词是“上衣”。

生 2：选择分类目录搜索，查找方式是“服饰”--“女装”--“上衣”。

师：看来，这一关大家有两种不同意见，到底谁对谁错呢？请不同观点的同学分别派一名代表来演示搜索结果。

生：演示操作。

师：看来使用分类目录搜索很容易就能找到很多款式不同的女式上

衣，而使用“上衣”作为关键词搜索，会搜出男女式儿童混在一起的上衣。当然我们不能认为使用关键词搜索就是错误的，选择这种方法的同学想一想能否添加或修改关键词来搜索到想要的信息。

生：使用“女式上衣”或者“上衣＋女装”作为关键词。

师：演示搜索。

师评价：的确，当我们使用一种搜索方法遇到困难的时候，既可以另辟蹊径选择其他方法，也可以思考有没有改进的方法，只要动动脑筋，你就会找到最佳的搜索技巧。

出示如图 6-4-2-7 所示课件。

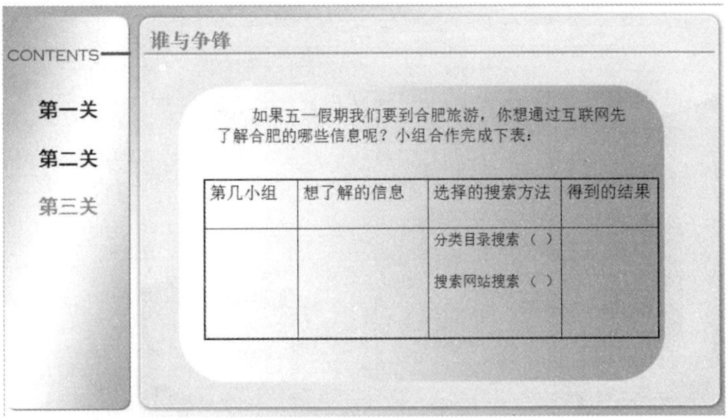

图 6-4-2-7　闯关任务(第三关)

学生分组完成任务，小组长汇报最终结果。

师生通过闯关游戏，共同归纳总结“搜索技巧”中的一些小窍门：

窍门 1：选择关键词很重要，简练精准好搜索。

窍门 2：缩小(搜索)范围更好找。

窍门 3：搜索引擎不唯一，有百度、搜狗和 360 搜索。

4-3 课例 3——利用网络搜索课文生字

分析教学难点或常见问题

在《小学信息技术》2012 年版 2015 年第 9 次印刷本第 3 册第 3 单元第 8 课中,“课文生字网上查”一课主要介绍了如何利用网上字典进行生字的查找。本课一方面以第 2 册中 IE 浏览器、网页、网址、超链接等基本概念为基础,另一方面也作为后面继续学习网络搜索技巧的重要铺垫,是课程中承前启后的重要章节。

●问题表现 1

在本课的教学过程中,教师经常采取任务驱动方式进行教学。但作为明线的任务布置与作为暗线的教学目标经常会在设计上存在缺陷,如教师单方面强调搜索技巧的掌握,忽视了网络搜索过程中信息处理与问题解决能力的培养;教师在设计任务时过于脱离学生生活实际等。

●问题表现 2

小学阶段学生的自控力相对较差,而网络信息的纷繁复杂会导致教师难以把握课堂学习节奏,如部分学生没有打开网上字典查找生字,而是直奔游戏或其他娱乐网页,导致原定的教学目标难以实现。

解决方法参考

针对以上情况,教师可采取以下两种方案解决:

●案例 1 采用任务驱动法,与学生生活相联系

在本案例中,教师通过设计与学生生活紧密相连的驱动任务,如预习语文课中的生字,吸引学生的学习兴趣与注意力。在教学过程中,教师不仅要引导学生掌握具体的搜索技巧,还要在搜索过程中注意培养学生解决问题的能力。

教师活动	学生活动	设计意图
(1)设置情境,复习旧课。 提问学生:语文课讲到什么内容了? 启发学生思考:如预习语文课内容时,遇到生字怎么办? 启发学生思考:如果身边没有字典或家长可以求助,但是具备网络条件,是否可以通过网络搜索生字呢? 启发学生回忆上册中网络知识:第2册信息技术课中,我们学习了IE浏览器、网页、网址、超链接等基本概念,大家还记得吗?	(1)学生回答:《古诗两首》。 (2)学生回答:查字典,问家长。 (3)学生回忆,复习旧课。	教师结合学生生活实际,通过与小学语文课程整合,解决学生学习中遇到的具体困难。 学生通过对之前学习过的网络知识进行回顾,温故知新。(10分钟)
(2)任务驱动,导入新课。 布置今天的学习任务:如果明天就要学习语文第20课《古诗两首》了,今天我们可以通过网络搜索生字来预习课文吗? 提供任务帮助:引导学生打开IE浏览器,打开百度网站; 在百度搜索框里输入"汉典"; 打开汉典网页。 启发学生思考:在查找生字时,应选择汉语字典、汉语词典、成语词典等条目中的哪一种? 引导学生完成任务:"孟"字的部首是什么,几画,能否找到网页位置并点击? "孟"字除了部首之外还有几画呢,能否找到网页位置并点击? 引导学生阅读学习"孟"字的注音、解释等。	(4)在教师演示指导下操练。 (5)思考回答:字典。 (6)思考回答:子,三画,完成查找。 (7)思考回答:五画,完成查找。	学生通过独立思考辨清概念,有利于问题解决能力的培养。(20分钟)
(3)扩展任务,整合升华。 布置学生完成剩下的搜索任务:完成"辞"、"唯"等生字的查找。 提示学生:今后的语文课程学习,我们均可以通过网上字典对不认识的生字进行查找来预习。	(8)自主练习。	任务设置与生活实际紧密结合,同时实现了与小学语文的课程整合,达到了事半功倍的学习效果。(10分钟)
(4)课堂小结,布置作业。 总结本节课中学习的网上字典使用方法与技巧; 启发学生在预习下一课《卡罗纳》时,可以通过成语词典查找"嚎啕大哭""恍然大悟"等成语的含义。	(9)在教师引导下总结本课学习内容,完成作业。	教师提高要求为学有余力的学生提供进步的台阶。(5分钟)

●案例2　采用游戏教学法,吸引学生注意力

在本案例中,教师通过设计一个有趣的小游戏,以竞赛答题的形式要求学生使用网上字典查找生字，对小学阶段的学生较有吸引力。此外，教师还可通过设定一定的游戏规则，如网络搜索正确率高且速度快的学生可获取奖励，以此激励学生自主学习的积极性。

教师活动	学生活动	设计意图
(1)复习旧课，温故知新。 提问学生：语文课讲到什么内容了？ 启发学生思考：如预习语文课内容时，遇到生字怎么办？ 启发学生思考：如果身边没有字典或家长可以求助，但是具备网络条件，是否可以通过网络搜索生字呢？ 启发学生回忆上册中网络知识：第 2 册信息技术课中，我们学习了 IE 浏览器、网页、网址、超链接等基本概念，大家还记得吗？	(1)学生回答：《古诗两首》。 (2)学生回答：查字典，问家长。 (3)学生回忆，复习旧课。	学生通过对之前学习过的网络知识进行回顾，温故知新。(10 分钟)
(2)介绍游戏，吸引注意。 介绍今天的学习形式：打开设计好的游戏界面，介绍玩法。 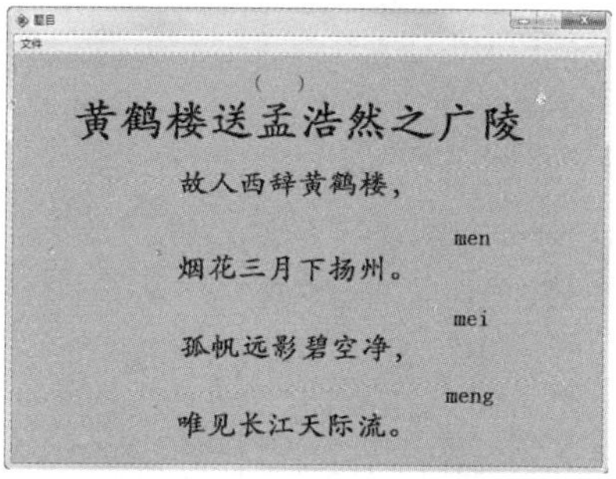 提供游戏帮助：引导学生将正确的读音拖放至括号位置，即可完成此题。 如答错，会出现以下界面：  	(4)在教师演示指导下操练。	游戏的设计可为枯燥的学习过程增添一定的乐趣。(10 分钟)

续表

教师活动	学生活动	设计意图
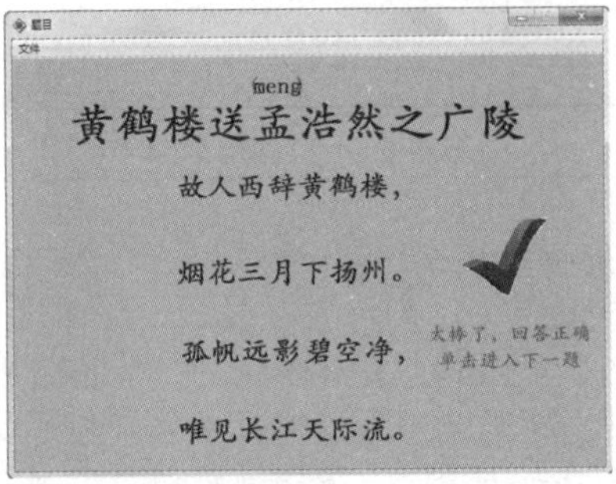		教师增加激励，可以提高学生自主学习兴趣。 (20 分钟)
(3)运行游戏，自主学习。 布置学生完成剩下的竞赛题目，提示学生游戏有时间限制，只有将游戏玩通关，才有相应的奖励： 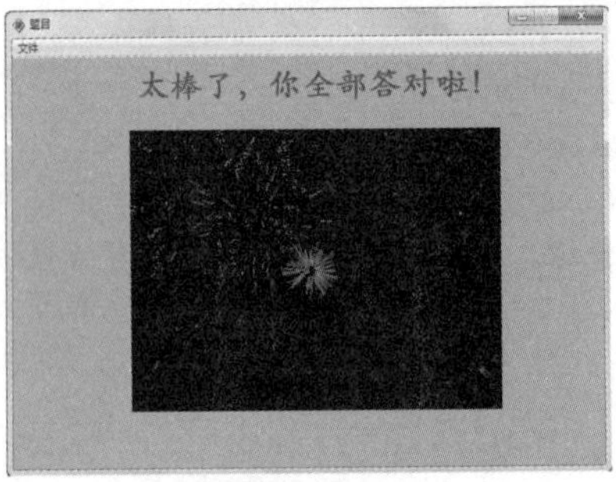	(5)自主练习。	教师提高要求为学有余力的学生提供进步的台阶。 (5 分钟)
(4)课堂小结，布置作业。 总结本节课中学习的网上字典使用方法与技巧； 启发学生在预习下一课《卡罗纳》时，可以通过成语词典查找“嚎啕大哭”“恍然大悟”等成语的含义。	(6)在教师引导下总结本课学习内容，完成作业。	

4-4 课例 4——网上注册账号

分析教学难点或常见问题

在学习了浏览网页、搜索信息之后，学习利用网络进行信息交流也是小学阶段学习的主要内容，例如，2012 年版 2016 年第 6 次印刷本第 3 册第 3 单元第 11 课“申请邮箱报收获”、12 课“交流信息用邮件”；2014 年版 2015 年第

6 次印刷本第 7 册第 3 单元第 11 课“飞信联系你我他”、12 课“网络微博初体验”。无论是利用电子邮件、飞信、微博，或是利用 QQ、微信进行信息交流，都需要进行网上申请注册，因此在网上申请注册账号具有通用性。但在教学过程中，往往会有部分学生在申请注册账号时有困难，如果反复多次失败，会挫伤学生的学习积极性和自尊心，使其产生挫败感，对教学进度和后续学习也会产生影响。

●问题表现 1

例如，在执教《申请邮箱报收获》一课中，很到教师简单介绍什么是电子邮件之后，接着请学生参考教材自己注册，或是教师一步一步带领学生注册。但是注册成功之后，很多同学要么登录的时候不记得当初注册的用户名和密码，要么不理解电子邮件、邮箱地址以及发送邮件等概念。具体表现如下：

师：圣诞节快要到了，今天早上老师收到了一封电子邮件，是一位毕业的学生给老师发送的圣诞贺卡，让我们一起来欣赏。

生：欣赏“圣诞快乐”电子贺卡。

师：同学们你们也想发送一张电子贺卡吗？

生：想。

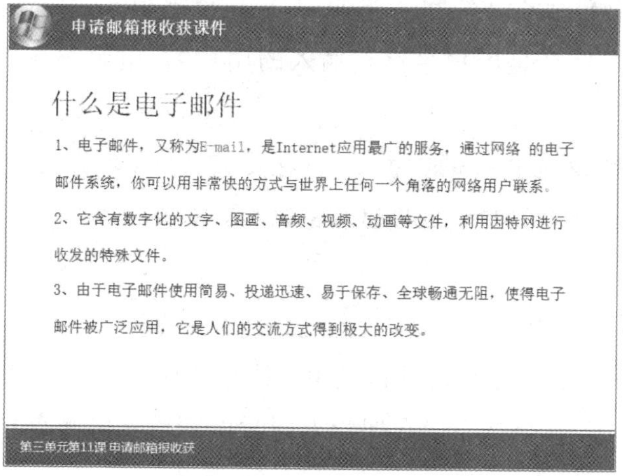

图 6-4-4-1 “认识电子邮件”课件

师：首先，让我们来申请属于自己的邮箱账号。申请账号之前，请同学们观看课件(如图 6-4-4-1 所示),了解什么是电子邮件?

生:自读课件内容。

师:电子邮箱与传统书信相比有哪些特点呢?请自读课件(如图 6-4-4-2 所示)。

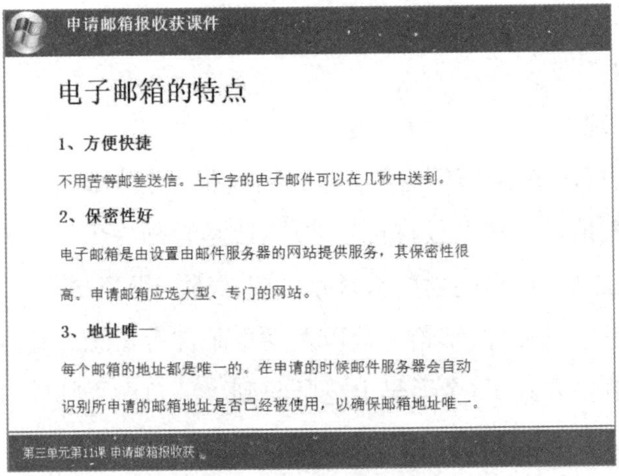

图 6-4-4-2 "电子邮箱特点"课件

生:自读课件内容,了解电子邮箱的特点。

师:请同学们参考课本 74～76 页,自己申请邮箱。

生 1:老师,什么是用户名?我输入的用户名,电脑显示"已被注册"怎么办?

生 2:老师,我刚才注册成功了。现在要怎么登录?账号是什么?

生 3:老师,登录的时候总是显示密码不正确怎么办?

……

●问题表现 2

由于受班级人数、学校网速以及申请账号选择的第三方网站的服务器等多方面因素的影响,全体同学在课堂上同时申请账号可能存在网络拥堵、IP 地址受限或是短信验证等问题。

解决方法参考

由于网络单元教学受多方面因素的影响，教师可以改变传统模式的信息技术课堂教学模式，在课前多做一些准备。比如针对本课重难点或课堂教学中可能存在的教学困难，教师可以做好微课，采用翻转课堂或自育自学等教学模式。

●案例 1　认识电子邮箱

师：上节课，老师布置了一项“亲子作业”，请爸爸妈妈和你们说一说在没有信息交流方式的年代，他们是怎样利用书信来交流的。还让你们下载共享云盘中老师上传的“申请邮箱报收获”微课（如图 6-4-4-3 所示），有条件的同学可以在家长的帮助下提前注册账号。完成预习任务的同学请举手。

生：举手示意预习情况。

师：绝大多数同学都进行了课前预习。这节课，就让我们带着你们在预习中遇到的困惑，一起来合作探究并解决问题。首先，让我来看看你们预习的收获，方舟同学请你来汇报你的收获。

方舟：通过爸爸妈妈的讲述和观看微课，我了解到书信要投递到邮箱，然后由邮递员取走信件，再通过邮局分发，最终送到收件人。电子邮件，只要写清楚收件人邮箱地址，就可以通过邮件服务器发送了（如图 6-4-4-3 所示）。

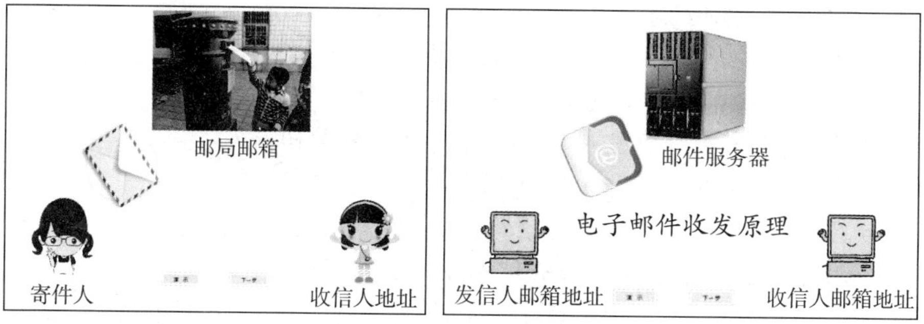

图 6-4-4-3　“普通邮件”与“电子邮件”发送原理

师：寄信的时候可能你忘记写寄信人地址，但是只要收信人地址正确也是可以把信件寄出去的，发送电子邮件有什么不同呢？

生：要有自己的电子邮箱才能发送电子邮件，在发送电子邮件的时候，不需要再写自己的邮箱地址，对方收到邮件后，打开邮件能看到发件人的地址。

师：的确，发送电子邮件与传统的寄信很相似，寄信人和收件人的地址要唯一。但普通邮件与电子邮件也有很多不同之处。

生：普通信件要好几天才能寄到，电子邮件只要几秒钟。

生：普通邮件要贴邮票，电子邮件是免费的。

……

师：看来同学们的课前预习做得很充分，大家对普通邮件和电子邮件的异同认识得很清楚。出示课件（如图 6-4-4-4 所示）。

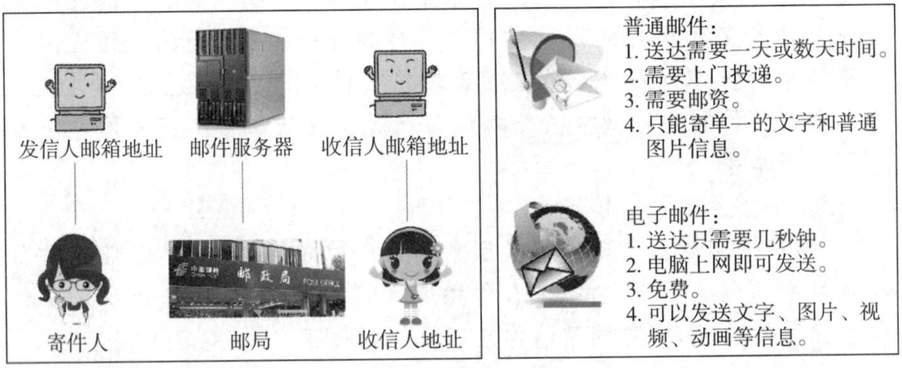

图 6-4-4-4 "普通邮件"与"电子邮件"比较

师：很多同学也在家长的帮助下申请了自己的邮箱，谁愿意来说说你的邮箱地址是什么？

生 1：我的邮箱地址是 wangtao2007@china. com。

生 2：我的邮箱地址是 xylxxtt@china. com。

生 3：我的邮箱地址是 13865976543@china. com。

师：同学们有没有发现他们的邮箱地址的共同点？

生：讨论交流。

师：电子邮箱地址是有标准格式的，用户名@服务器名称，@是固定的分隔符。以上几位同学的邮箱服务器都是 china. com。

生：老师那可不可以理解上面几个同学都住在同一个小区，他们的地址就是"不同的门牌号@小区名"？

师：你理解得很正确。老师的邮箱地址是：54yedongyan@163. com，我的门票号是 54yedongyan，我的小区是 163. com。注意，在同一服务器注册邮箱，门牌号是不能重复的。

●案例 2　申请电子邮箱

准备活动：分组，教师以每个小组（4～6 人）为单位，组内选出一名小组长。

师：接下来，请大家参考大屏幕出示的方法(如图 6-4-4-5 所示)，选择适合的方法来自主申请电子邮箱，注意无论采取哪种方法，申请过程中用笔记下你的账号(用户名)和密码。

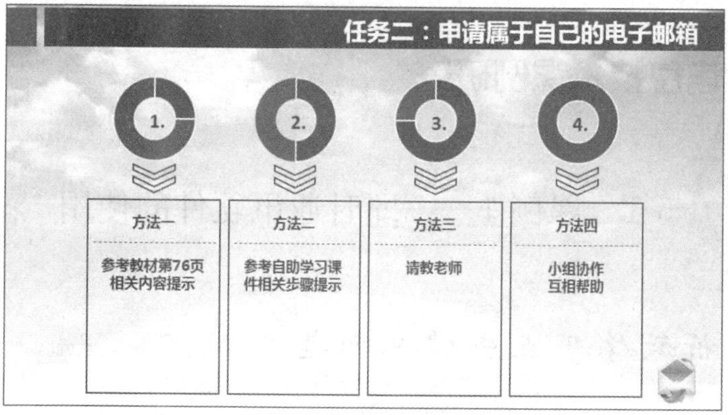

图 6-4-4-5 申请电子邮箱方法

师：为了提高申请的效率，请同学们参考小组任务分配表(如图 6-4-4-6 所示)，打开对应的网站申请邮箱账号。

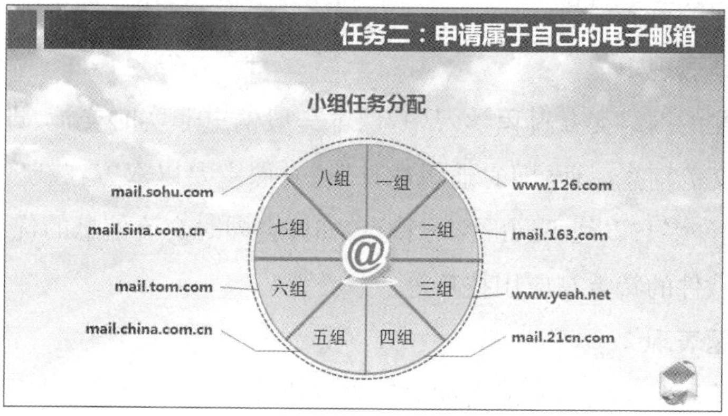

图 6-4-4-6 小组任务分配

生：以小组为单位，在不同的网站申请账号。

师：小组内申请成功的同学可以互换自己的 E-mail 地址。

网络单元的教学受各校网络教室硬件环境的不同、教材涉及网站更新、学情不同等客观情况的影响，教学中存在的难点和问题也会有所不同，因此没有一成不变、屡试不爽的教学模式。但是，只要教师遵循以“学生”为中心的学习模式，提倡让学生自主协作学习，激发学生的学习兴趣，培养学生发现问题和解决问题的能力，参考上述案例中的教学方法和策略，发挥教师在教学中的引导作用，就能让全体学生在有限的课堂教学中充分获取信息，完成学习任务，进而让网络成为学生的学习工具。

5 中学信息技术课例研究

5-1 课例 1——即时通讯软件的使用

分析教学难点或常见问题

在《中学信息技术》九年级上册第 2 单元活动 2 中，“即时通讯软件交流”这一部分主要介绍了如何利用 MSN、QQ 等软件进行实时通讯的方法与技能。本课一方面以之前的网络操作技能为基础，另一方面也作为后面继续学习网络知识的重要铺垫。

●问题表现 1

在以往的网络交互过程学习中，课本一般偏重非实时交流，即以电子邮件的形式交流信息。而“即时通讯软件”这一课主要以双方在线实时交流为主，会出现许多与以往不同的学习特点，如体会即时交流信息的优越性，掌握即时交流软件的特点与应用技巧等。

●问题表现 2

初中阶段学生的辨识能力相对较弱，对网络上的不良信息与不道德行为的防范意识薄弱。因此，在教学过程中，教师可能需要对部分学生加强健康网络道德意识的培养，促使学生养成客观公正、尊重他人的习惯，争取做一个合格的信息社会公民。

解决方法参考

第一，导入新课，总结特点。

教师活动	学生活动	设计意图
(1)设置情境，引入新课。 提问学生：在当今社会，信息的及时交流与沟通非常需要。除了电子邮件以外，我们在网络上有哪些常用的实时交流工具呢？ 提示学生：是的，QQ 确实是当今非常具有代表性的即时通讯软件。除此以外，还有类似 MSN、阿里旺旺等其他软件。请同学们思考，这些即时通讯软件的共同点有哪些？ 启发学生：即时通讯软件特点可以概括为“即时传输”。	(1)学生回答：QQ 等。 (2)学生思考回答：聊天、语音、视频等等。	结合学生生活实际，提出问题以吸引学生注意力。 开拓学生的视野，激发学生学习兴趣。

第二，组织活动，体验神奇。

教师活动	学生活动	设计意图
(1)组织活动，开展课程。 教师讲解：本节课以 QQ 软件为例，讲解实时通讯软件的应用。 公布班级群号码。 请有 QQ 号的同学加入班级群，并将自己在群中的名字改为真实姓名。没有 QQ 号的同学申请 QQ 号，然后加入班级群。 教师通过观察，委任若干名操作较熟练的同学为“小老师”。 (2)宣传礼仪，正确导向。 教师讲解：班级群是一个方便又快捷的交流空间，大家可以在这里畅所欲言，交流各自的学习与生活。但是，班级群在给我们带来了便利的同时，偶尔也会一些不和谐的音符。 启发学生：播放部分网络聊天截图，分析哪些是不健康的网络交流习惯，如侮辱性的语言与人身攻击、不文明的交流方式等。	(1)学生活动。 (2)“小老师”给没有 QQ 号的同学进行辅导，并提醒未改名的同学改名。 (3)学生思考，操练。	分层教学，让基础较好的学生帮助不熟练的学生，在共同进步的过程中培养协作精神。

续表

教师活动	学生活动	设计意图
提示学生：请大家像爱护班级环境一样，爱护网络交流虚拟环境，不要让班级群“布满灰尘”，要注意培养健康的网络使用习惯与意识，做一个合法的信息社会公民。 (3)装饰空间，美化环境 启发学生：美丽的环境会让人心旷神怡，请大家集思广益，如何美化班级群的环境。 布置学生：可以先从个人网络环境的美化开始。	(4)学生思考，操练。	加强对网络健康安全意识的培养。 美化网络环境，更强调美化个人行为。

第三，分享故事，总结升华。

教师活动	学生活动	设计意图
(1)分享故事，了解软件。 教师讲解：在没有即时通讯软件的时候，人们的网络交互主要通过电子邮件等形式进行。但电子邮件无法及时交流，给网络通讯带来不便利。 教师讲解：1996 年夏天，以色列的三个年轻人维斯格、瓦迪和高德芬格聚在一起决定开发一种软件，充分利用互联网即时交流的特点，来实现人与人之间快速直接的交流，由此产生了 ICQ 的设计思想。后来，美国在线 1998 年以 2.87 亿美元收购了 ICQ。 1997 年，马化腾仿照 ICQ 也开发了一款即时通讯软件，命名为 QQ。 (2)类比理解，总结升华。 教师讲解：除了 QQ 以外，还有许多可用来实时交互的网络软件，如 MSN、阿里旺旺等。 启发学生：虽然 QQ 与 MSN 等的界面和操作方法有一定的区别，但本质特点即实时交互这一点没有变化。 提示学生：类比 QQ，也可在课外练习使用其他实时交互软件。 (3)布置作业。 布置学生：丰富个人空间并进行评比，学有余力的学生可自行学习使用其他类似的交互软件应用。	(1)学生思考理解。 (2)学生思考，操练。	教师讲解故事，以增进学生对即时通讯软件特点的了解。 让学生学会举一反三，通过类比等手段掌握实时交互软件应用方法。

5-2 课例 2——网络日志的书写与交流

分析教学难点或常见问题

在《中学信息技术》九年级上册第 4 单元活动 2 中，主要介绍了如何在网络空间申请空间并书写日志的方法与技能，要求学生利用微博拓展与老师、同学之间联系的渠道，增进彼此的联系和沟通。

●问题表现 1

与申请电子邮箱类似，网络日志空间也是需要申请获得的，这就给部分对网络申请流程与方法不清晰的学生带来难度。

●问题表现 2

处于初中阶段的学生一般有逆反心理，对道德教育带有抵触情绪。而网络日志的书写往往会存在态度与价值观的冲突，需要教师正确疏导。

解决方法参考

第一，导入新课。

教师活动	学生活动	设计意图
(1)设置情境，引入新课。 教师讲解：许多同学喜欢记日记，将平时发生的有趣值得纪念的事情记录下来，同时又希望能与其他朋友进行交流讨论。 提示学生：在网络普及之前，仅有部分名人作家可以将自己写的文章分享给别人看，但现在，任何普通人都可以，只要申请微博空间，并书写网络日志即可。	(1)学生思考理解	教师结合学生生活实际，提出问题以吸引学生注意力。

第二，申请空间。

教师活动	学生活动	设计意图
(1)申请空间，开展课程。 教师讲解：微博是一种用网络交流方式，网民以日志的形式与人交流看法、发表观点。 提示学生：用户可选择任意一个合适的微博网站，注册个人微博以发表日志。 指导学生过程如下： 打开浏览器，进入微博空间的注册页面；填写注册所需资料，完成微博空间的注册；返回微博主页，输入用户名和密码以登录到个人微博空间。	(1)学生活动。	让学生动手练习，培养学生实际操作能力。

第三，书写空间。

教师活动	学生活动	设计意图
(1)书写空间 教师讲解：进入微博空间后，首先需要进行个人微博空间的管理，才可以书写并提交网络日志。 指导学生过程如下： 单击“登录”按钮，打开“后台管理”网页； 单击“添加文章”按钮； 书写并提交个人网络日志； 提交日志。 (2)浏览微博。 浏览完成的日志并相互交流。	(1)学生思考操练。	从实际训练中掌握具体技巧。

第四，布置作业，组织辩论。

教师活动	学生活动	设计意图
(1)布置作业，组织辩论。 教师讲解：在网络日志书写与交流过程中，总会出现一些不和谐的音符，如交流中带有谩骂对方的语言。 要求学生：可在课下以辩论的形式，要求学生回答关于网络现象的判断，培养学生正确的价值观与道德意识。	(1)学生思考操练。	辩论问答的形式相对于简单的说教更具说服力，可达到较好的教学效果。

第 7 部分

“多媒体制作”模块课堂学习与课例研究

7

1 学业标准要求

1-1 国家纲要要求及安徽省现今教学有关要求

国家纲要要求

2000年，教育部发布《中小学信息技术课程指导纲要(试行)》，其中对小学信息技术阶段的“模块六——用计算机制作多媒体作品”提出以下教学目标要求：

(1)多媒体作品的简单介绍。

(2)多媒体作品的编辑。

(3)多媒体作品的展示。

同时，对中学信息技术阶段的“模块六——用计算机制作多媒体作品”提出以下教学目标要求：

(1)多媒体介绍。

(2)多媒体作品文字的编辑。

(3)作品中各种媒体资料的使用。

(4)作品的组织和展示。

安徽省现今教学有关要求

安徽省结合安徽的特点，结合教育部《中小学信息技术课程指导纲要（试行）》的精神，对小学信息技术“用计算机制作多媒体作品”模块的对应内容提出了如下要求：

(1)了解多媒体素材类型。

(2)学会一种常用的多媒体制作工具制作编辑简单的多媒体作品。

(3)学会展示多媒体作品。

1-2 小学信息技术纲要解读及分析

通过对《中小学信息技术课程指导纲要（试行）》的解读及结合安徽本地情况的分析，我们可将小学信息技术课程中“用多媒体制作计算机作品”模块的培养目标分为以下三个方面：

1-2-1 了解多媒体素材的几种类型

了解常用的多媒体素材有文字、图片、声音、视频、动画等，知道这些多媒体素材可以利用相应的软件进行播放。还可以利用这些素材结合相应的软件制作简单的多媒体作品，包括经过修饰、组合等操作后的图片作品，对图片或视频进行一些操作后的影视作品、Flash 动画作品、PowerPoint 演示文稿作品等。

1-2-2 学会利用多媒体工具制作编辑简单的多媒体作品

学会使用多媒体软件编辑制作多媒体作品。学会对图片作品进行修饰、组合等编辑，使编辑后的图片画质和效果得到一定的改善；可以将多张图片组合在一幅图片上；可以对图片进行装饰。学会制作简单的影视作品、电子相册等；可以利用图片、视频和音乐制作视频的片头，拼接多个视频，制作动感片尾，制作电子相册。学会制作主题丰富的集文字、图片、声音、视频、动画等多种素材于一体的 PowerPoint 演示文稿作品；制作不同类型的 Flash 动画作品等。

1-2-3　学会多媒体作品的展示

学会利用相应软件展示、播放、欣赏多媒体作品，包括图片的浏览、音乐的欣赏、视频的欣赏、演示文稿的播放、动画的播放等。

1-3　中学信息技术纲要解读及分析

通过对《中小学信息技术课程指导纲要（试行）》的解读及结合安徽本地情况的分析，我们可将中学信息技术课程中“用多媒体制作计算机作品”模块的培养目标分为有以下三个方面：

1-3-1　了解多媒体

了解常用的多媒体素材有文字、图片、声音、视频、动画等；知道利用 Photoshop 对图片媒体进行编辑、加工、处理；知道使用数码相机拍摄、播放查看照片；掌握利用美图秀秀软件对图片媒体进行调整、美化；可以利用会声会影对视频媒体进行编辑、插入背景音乐、制作视频作品；可以利用 PowerPoint 制作集多种媒体于一体的电子相册等作品；利用 Flash 软件制作动画素材等。

1-3-2　多媒体作品文字的编辑

学会利用 Photoshop 软件对图片作品添加、编辑文字信息；学会利用美图秀秀对图片媒体添加修饰性的文字信息；学会利用 PowerPoint 添加、编辑标题、正文等文字信息；学会利用会声会影添加、编辑字幕等文字信息；学会利用 Flash 在动画作品中添加、编辑文字信息。

1-3-3　作品中各种媒体资料的使用

掌握在 Photoshop 软件中通过对文字的输入和编辑、图片的合成、加工和处理等完成平面作品的设计和制作；掌握在美图秀秀软件中对图片媒体资料进行调整、美化、组合、添加文字；掌握在会声会影中导入视频、音频媒体资料，对其进行编辑，通过文字媒体制作视频的字幕，通过音频媒体制作视频的背景音乐；掌握在 PowerPoint 软件中通过插入图片、自选图形、背景音乐帮助作品的表达效果；掌握在 Flash 软件中通过图片、文字、形状等媒体资料制作舞台背景，并对图片、文字、形状等媒体进行合理的动画设计和制作等。

2 小学信息技术学习关键问题及指导

2-1 浏览照片

笔者认为教师要让学生知道可以在“照片”文件夹中打开直接快速浏览照片，也可以使用“图片和传真查看器”欣赏照片。

在“照片”文件夹中直接快速浏览照片时可通过选择“缩略图”浏览方式，教师在教学过程中通过演示指导学生如何选择“缩略图”浏览方式 ，然后让学生自己操作。

利用“图片和传真查看器”欣赏照片时，笔者建议教师向学生介绍查看器的控制按钮功能，并演示给学生看每个功能的作用，然后让学生自己操作，并通过“做一做”来巩固知识点。

2-2 欣赏儿歌

利用“Wiindows Media Player”欣赏儿歌时，笔者建议教师通过操作介绍“播放、暂停、停止”三个控制器的功能，并介绍清楚“暂停”、“停止”两个控制器的区别，然后让学生自己操作理解，并通过“做一做”来巩固知识点。

2-3 控制影片

利用“暴风影音”播放影片文件时，笔者建议教师可让学生先尝试操作：打开影片文件，利用所学的“Wiindows Media Player”知识点，试着欣赏影片，试着控制影片的“播放、暂停、停止”和根据自己喜好来调整播放进度。然后教师再对控制器和进度条的使用进行演示操作和介绍，再让学生通过教师的讲解进行操作练习。

2-4 PowerPoint 软件在第 4 册教材中有以下四个关键问题及指导

2-4-1 打开、播放 PowerPoint 演示文稿

笔者建议教师要让学生明白打开演示文稿后是进入普通视图，该视图的主要功能是对演示文稿的内容进行编辑，而要观看 PPT 演示文稿需选择放映视图，即对演示文稿进行播放。然后教师介绍播放的方法，再说清编辑和播放两个视图功能的区别，并让学生自己练习。

2-4-2 PowerPoint 演示文稿中插入文字和图片

当幻灯片选择“空白”版式后，要想在幻灯片上添加文字。就要通过插入“文本框”来添加文字。文本框除可添加文字，还可以更改大小和位置。笔者建议教师先演示介绍“文本框”的功能、添加文字过程及文字格式的设置，让学生自己先操作尝试如何更改“文本框”的大小和位置，然后教师介绍移动“文本框”和通过 8 个控制点拖动时鼠标的图标样式，最后让学生根据实例继续插入其他文字来巩固知识点。

在讲解插入图片时，笔者建议教师让学生根据插入文字的知识，结合书本内容自行尝试在 PPT 演示文稿中插入图片，调整图片大小和位置，然后教师再进行演示、指导。

2-4-3 PowerPoint 演示文稿中设置背景

在介绍如何设置背景图片时，笔者建议教师可以演示直接插入图片放置幻灯片底层和利用背景图片设置图片背景的区别，让学生理解利用背景图片方法设置的功能和好处。然后让学生练习设置背景图片的方法，并让学生自己尝试在设置背景图片时选择“应用”和“全部应用”的不同效果，并对此提问，最后由教师总结。

2-4-4 PowerPoint 演示文稿中绘制自选图形

在介绍自选图形的作用和绘制方法时，笔者建议教师可先让学生练习，然后让学生尝试设置图片填充，教师操作演示解决学生疑问，最后让学生根据以上所学知识点继续美化其他图片。

对于在自选图形中添加文字，教师在介绍方法后，可强调与插入文本框添加文字的区别，并说明直接在自选图形中添加文字的方便之处。

2-5 PowerPoint 软件在第 7 册教材中有以下四个关键问题及指导

2-5-1 PowerPoint 演示文稿“超链接”的添加

笔者建议教师先通过书本中超链接示意图和实例播放让学生明白“超链接”的功能，并通过操作演示设置文本框的栏目超链接。然后学生练习后，教师让学生尝试自己设置图片的返回超链接，并提问学生如何快速地制作不同页面同样的返回超链接。学生尝试练习后，教师再进行评价并演示以解决学生的问题所在。

2-5-2 PowerPoint 演示文稿中动画效果的设置

教师通过实例播放介绍动画效果有“自定义动画”和“幻灯片切换”。

在介绍自定义动画时，笔者建议教师先介绍动画的四种不同效果和动画窗格的作用，然后演示动画的添加方法。学生练习后，教师提问如何更改动画的时间和速度等动画属性，可让学生先自己探索，教师再进行操作演示和讲解，最后留时间给学生自己练习，教师给予一定的指导。

2-6 “光影魔术手”调整照片方向和调整亮度/对比度

笔者建议教师介绍在“光影魔术手”中可通过“工具栏”中的“旋转”工具对图片方向进行调整，利用一张照片演示“旋转”工具的功能，让学生自己根据教师的介绍来将一幅照片的方向调整正确。

照片方向调整好后，要将照片“另存为”。笔者建议教师先让学生练习理解“保存”和“另存为”的区别，操作演示后让学生将调整后的照片另存。

在介绍调整亮度时，笔者建议教师先让学生根据调整照片方向的知识，自己尝试利用“调整”菜单中的“亮度/对比度”将一张光线太强导致照片偏亮的图片进行调整，然后教师操作演示介绍“亮度/对比度”对话框的使用，强调通过拖动亮度和对比度的卡标来进行调节。调整好照片亮度和对比度后，教师可以利用提问法让学生观察软件并思考如何对调整前和调整后的照片进行对比，再介绍“工具栏”中“对比”工具的功能，让学生练习。最后学生通过“做一做”完成知识点的巩固。

2-7 “光影魔术手”去除照片背景

此知识点为难点，笔者建议教师可采取分步骤、讲练结合的教学方法来进行教学。教师先演示如何打开“裁剪”对话框，通过“套索”工具选中所需要的画面，让学生练习这一步骤；再演示如何去掉未选中部分，让学生练习这一步骤。

2-8 “Windows Movie Maker”制作片头

笔者建议教师让学生知道利用“Windows Movie Maker ”软件制作片头动画的过程，然后分步骤介绍，其中要注意说清背景图片的添加过程是先导入图片到收藏夹，再将图片拖动添加到编辑区。

2-9 活动片断巧拼接

笔者建议教师采取翻转课堂理念的讲练结合教学方法：

教师先让学生利用之前知识点，尝试将多个视频片断导入并加入编辑区，然后教师演示解决学生问题。教师介绍视频过渡的作用，演示添加的方法，让学生练习操作添加多个片断的过渡效果。对于电影配音，教师先让学生尝试查看原影片的声音在哪，然后再演示解决学生的问题，教师再通过演示如何设置静音来去掉声音，让学生操作去掉多个视频的音乐。最后教师让学生利用添加视频的知识点尝试导入音乐和添加音乐到编辑区，教师再演示解决学生问题，让学生练习。

2-10 Flash 变换图片

笔者建议教师通过实例“校园舞台展风采”效果展示小老虎 4 个姿势图片的连续播放效果，吸引学生的兴趣。介绍 4 个姿势的图片是由 4 个关键帧插入 4 个不同图片形成的，教师可以先演示前 2 个关键帧的图片添加，并播放动画，让学生练习操作。然后让学生尝试自己添加另两 2 个关键帧的图片，教师演示解决学生问题后，让学生完成变换图片的制作。最后通过“做一做”巩固学生的知识点。

2-11 Flash 形状渐变动画

笔者建议教师采用翻转课堂理念结合讲练的教学方法：

教师让学生利用之前知识点，尝试自己在开始帧插入关键帧，添加“小鸟”图片，教师操作演示后并介绍在结束帧插入关键帧输入文字，让学生练习；教师通过演示介绍设置补间动画，然后测试动画，此时形状渐变动画不能顺利播放，教师此时强调在制作 Flash 形状渐变动画时，要将两个关键帧的内容进行分离，并在演示操作后让学生练习制作。

2-12 Flash 引导动画

笔者认为教师在介绍引导动画的原理和步骤时，要注意通过演示操作重点介绍如何添加引导层、如何绘制引导线，让学生练习后再继续介绍制作引导动画的知识点，最后让学生练习。

3 中学信息技术学习关键问题及指导

3-1 拍摄导入照片

笔者认为在介绍拍摄照片对焦知识点时，教师可强调半按快门按钮和直接按下快门按钮的区别，然后让学生尝试。

在“导入”照片过程中，笔者认为教师要通过书本中的操作过程介绍，强调存储卡插入读卡器中的方向不可弄反，并且要轻拿轻放，然后让学生尝试。

3-2 “美图秀秀”裁剪照片

利用“美图秀秀”裁剪照片时，笔者认为教师要先介绍清楚照片在裁剪时，既可以通过左边工具栏的“常用比例”选择裁剪的尺寸大小，也可以通过“裁剪框”直接进行拖拽来调整尺寸大小。然后教师可分别演示这两种方法，最后让学生练习。

3-3 “会声会影”制作家庭影片

3-3-1 插入图像和视频

笔者认为教师在讲授插入片头图像和视频前，要先介绍素材库的作用，说明图像、视频等素材可先添加到素材库中；然后介绍时间轴分成“故事版视图”和“时间轴视图”；再说明在制作影片时，最好先选择“时间轴视图”；最后再根据书本，将片头、视频插入到时间轴中。

3-3-2 设置视频转场

教师在介绍设置视频转场时，笔者建议在介绍完查看转场效果、添加转场效果后，可介绍下如何删除转场效果和更换转场效果的方法，以便学生在操作中遇到问题能方便解决。

3-4 PowerPoint 制作家庭相册

3-4-1 PowerPoint 插入自选图形

教师在介绍插入自选图形并给自选图形填充照片效果时，笔者建议可先让学生根据案例成品进行知识点的分析，自己尝试制作。然后教师通过操作演示讲解知识点和解决学生疑问。

3-4-2 添加背景音乐

笔者建议教师可让学生先尝试自行插入声音文件到 PPT 演示文稿中，然后教师通过操作演示讲解知识点和解决学生疑问。在声音文件插入成功后，教师可以先让学生观察播放演示文稿时，声音文件的图标是在幻灯片中的，然后通过操作演示介绍设置幻灯片放映时隐藏声音图标的方法，并让学生练习。

3-5 Photoshop 处理、制作图片

3-5-1 自由变换、魔棒使用

在八年级上册第 1 单元“活动 2：添加装饰图案”中，笔者认为教师在演示“调整大小”和“删除黄色背景”时，可以先介绍自由变换操作和魔棒工具的功能，在学生理解功能的基础上再介绍操作过程，最后让学生练习。

3-5-2 添加图层样式

在介绍添加图层样式时，笔者认为教师可先强调在“图层样式”对话框中，勾选样式前的复选框是选择了一种图层样式，并将系统中默认的样式效果添加在了图层上；而要更改具体的样式效果需单击选中某个样式，然后在打开的样式设置中进行样式的具体设置。

3-6 Flash 制作动画

3-6-1 导入图片素材

笔者建议教师先让学生尝试如何将图片素材添加进来,再介绍图片素材需通过“文件”中的“导入”选项导入 Flash 文件中,而不是“插入”菜单。当图片导入时,教师可介绍导入“舞台”和“库”的不同功能,再操作演示书本中导入“库”面板的方法。

3-6-2 新建影片剪辑元件

笔者建议教师先介绍元件的概念和作用及分类,然后说明新建元件后是在元件编辑界面,此时是对元件进行编辑,要制作作品的动画需选择舞台界面。

4 小学信息技术课例研究

4-1 课例 1——调整照片更完善

分析教学难点或常见问题

“调整照片更完善”是 2013 年 12 月第 3 版教材中第 6 册第 1 课内容,该课操作难度不是很大,学生基本都会使用旋转、调整亮度和对比度等基本功能。但在实际课堂教学中不少教师容易出现两个方面问题:其一,过于侧重工具的介绍,只是让学生掌握基本工具的使用,很少关注照片作品;其二,缺乏对学生审美观的培养,即学生不清楚照片修复到何种程度才是最合适的。

●问题表现 1

学习使用“光影魔术手”工具的目的是让学生能够学以致用,并切身感受到照片美化的必要性。例如,在讲解“调整照片方向”时,授课教师过于强调旋转操作本身，而忽视了让学生明白为什么需要旋转。

师：同学们，你能将如图 7-4-1-1 所示的这张照片旋转 90 度吗？

图 7-4-1-1

生：自学课本，尝试操作。（如图 7-4-1-2）

图 7-4-1-2

师：……

学生按照要求旋转 90 度，但却没有让照片达到预期效果。究其原因，是因为教师没有根据照片存在的问题进行分析，导致学生不知道为什么需要调整方向，甚至许多学生会随机选择方向进行旋转。

●问题表现 2

从技术角度分析，该课操作并不难，教师演示后学生基本都可以掌握工具的使用。但是实际教学效果并不佳，学生处理的照片往往从一个极端走向了另一个极端，如原来“亮度太暗”的照片处理成了“亮度太亮”，原来“对比度太小”的照片处理成了“对比度太大”等情况。

师：同学们，这张照片太暗，你能调整照片的亮度吗？

生：尝试调整照片的亮度，许多学生将照片设置得太亮，如图 7-4-1-3 所示。

图 7-4-1-3

所以，本课不仅是要让学生熟练掌握工具的使用，更重要的是让学生形成对照片审美的合理判断，即将照片修复到何种程度才是最合适的。

解决方法参考

利用“光影魔术手”软件美化照片的操作难度不是很大，教师在设计教学流程时，要充分考虑照片本身，选择适合的素材进行教学，以引起学生的共鸣。

●案例1

第一，课前准备，拍照互动。

教师活动	学生活动	设计意图
(1)教师用数码相机(或手机)给学生拍照。 (故意拍摄出有问题的照片，如照片方向水平，照片光线过暗) (2)教师将照片导入教师机，然后发送到学生电脑D盘，让学生自由浏览。	(1)师生互动，拍照。 (2)学生寻找照片中自己的位置。	师生互动，增进感情交流，学生热情高涨。 学生选择自己的照片，显然兴致更高。

第二，欣赏照片，找出不足。

教师活动	学生活动	设计意图
(1)观察照片，说说老师拍摄的照片有何不足之处。 (2)教师讲解在拍摄照片时经常会出现方向不对、光线不足、曝光过度等问题，这就需要运用光影魔术手软件对照片进行修复、美化。	(1)指出照片不足。 (方向、亮度) (2)了解“光影魔术手”软件的重要性。	发现照片存在问题，为调整照片做好铺垫。

●案例2

第一，观察照片，问题诊断。

教师活动	学生活动	设计意图
(1)教师提供照片，让学生诊断分析照片存在哪些问题。 (2)让学生思考，针对诊断出的问题如何解决。	(1)观察，指出问题。 (对比度太小，照片颠倒。) (2)思考解决方法。	让学生参与观察分析问题，并且给出解决问题的方法和意见，培养学生分析问题、解决问题的能力。

第二，讨论交流，调整照片。

教师活动	学生活动	设计意图
(1)让学生分成4人一小组，讨论交流调整照片方向的方法，出示问题：照片旋转到什么位置合适。 (2)继续讨论照片调整对比度的方法，以及对比度调整到何种情况最佳。	(1)讨论交流，尝试调整照片方向到合适位置。 (2)探究调整对比度到什么程度合适。	让学生带着具体问题讨论，分组落到实处。 提醒学生调整照片的目的是使照片更美，培养学生的审美标准。

4-2 课例2——活动片段巧拼接

分析教学难点或常见问题

“活动片段巧拼接”是2013年12月第3版教材中第6册第5课内容，该课介绍了如何使用Windows Movie Maker软件编辑影片，让学生掌握视频编辑的基本流程，即“捕获视频→编辑电影→完成电影”，但学生不太清楚“保存项目文件”和“保存电影”的区别，大多数教师在授课时也容易忽视此问题。另外，教师在演示视频过渡效果时，学生的积极性很高，教师往往鼓励学生大胆尝试各种过渡效果，因而学生在给作品添加背景音乐时也是随意而为。

●问题表现1

许多教师在教学中不太关注学生制作作品的过程，仅仅关注学生是否掌握技术，任由学生滥用技术。例如，教师在讲解设置过渡效果以及添加背景音乐时，鼓励学生根据自己的喜好进行选择。

师：示范演示，给视频片段添加过渡效果，请给你的电影添加丰富的过渡效果。

生：练习，尝试选择不同的效果。

师：展示作品（选择使用效果最多的进行展示），组织学生评价。

生：评价交流。（基本都是关注过渡效果）

师：请同学们给电影添加你喜欢的背景音乐。（提示：在D盘中提供了许多音乐）

生：参考教材，尝试操作。

视频切换效果只要流畅即可，切不能滥用。此外，背景音乐的选择应依据电影作品主题的需要，而非根据自身喜好，以至于本末倒置。

●问题表现2

学生在课堂中习惯保存电影文件，而忽视保存项目文件，大多数教师也只关注导出的视频。因而当学生发现生成的视频不满意时，只有打开

Windows Movie Maker 软件重新导入素材进行编辑。

师:同学们,保存导出你的电影,同桌相互欣赏。

生:老师,保存的文件怎么不能修改?

师:……

学生对于“保存电影”和“保存项目文件”容易混淆,教师应该解释清楚保存电影实为导出电影,而保存项目文件才是真正的文件保存,要培养学生保存文件的习惯。

解决方法参考

信息技术教学不完全是技术的传授,教师在课堂教学中应该引导学生欣赏作品,依据作品的需求选择素材。

●案例1 设置视频过渡

教师活动	学生活动	设计意图
(1)选择一位同学作品,与添加了过渡效果和背景音乐的作品进行对比播放。 (2)师:这两个作品给你的感受是否一致,有何不同之处?同桌间互相说一说。 (3)组织学生说一说感受,处理上有何不同? (板书:过渡效果 背景音乐) (4)教师示范演示添加过渡效果和背景音乐的方法。(提示:D盘素材文件夹提供了几首音乐可供选择) (5)教师选择两幅作品进行展示。一幅使用各种过渡效果,一幅背景音乐选择不恰当。	(1)欣赏作品。 (2)仔细观察,同桌交流。 (3)学生回答:背景音乐,切换效果,后者更流畅、自然。 (4)学生练习,教师巡视辅导。 (5)师生评价。(电影过渡效果是使作品更流畅自然,而非炫技耍酷,背景音乐选择要贴近主题。)	让学生通过对比,切身感受到添加视频过渡效果更加自然流畅,有了背景音乐渲染的影片更加精彩。 关注随意选择过渡效果和背景音乐的同学。 让学生明白效果可以辅助作品,但不能喧宾夺主,忽略作品本身。合适音乐的渲染会让作品更生动。

●案例2 保存导出视频

教师活动	学生活动	设计意图
(1)教师示范演示,并讲解“保存项目文件”与“保存电影”的区别。 (2)让学生保存项目文件,并保存电影。 (3)让同桌之间相互欣赏,评价。	(1)认真听讲。 (2)保存项目,发布视频。 (3)欣赏评价。	让学生掌握保存 Windows Movie Maker 的项目文件的方法。

4-3 课例3——好人好事我宣传

分析教学难点或常见问题

“好人好事我宣传”是2013年1月第3版教材中第4册第10课，该课介绍了如何利用PowerPoint软件制作宣传演示文稿。当幻灯片中插入多张图片或文本框时，一般需要适当调整位置、大小来合理布局，有时一张幻灯片中对象太多时，还需要设置对象间相互叠放次序。

●问题表现

该课要求学生在幻灯片中插入多张图片后要进行排版布局，而许多教师只是“教”教材，完全按照教材的案例和顺序组织教学。例如，有时候在幻灯片插入多张图片后，根本不需要调整图层就可以合理布局，但是教师硬将学生“拽”到预设的环节，致使学生困惑。

师：幻灯片中插入了3张照片，怎么摆放会更合理呢？

生：把照片缩小，拖放到合适位置，如图7-4-3-1所示。

图7-4-3-1

师：教师将其中一张照片叠加到另外两张图片，如图7-4-3-2所示。请问要怎么改变它们相互叠加的次序呢？

图 7-4-3-2

生：……

学生通过缩小照片便可以合理布局，教师非得将照片叠加，导致学生不清楚为什么需要调整次序。

解决方法参考

在实际教学中，教师应创设出必须通过调整叠放次序来解决问题的情境，然后引导学生理清次序关系，再给予充足时间让学生实际操作。

●案例：设置叠放次序

教师活动	学生活动	设计意图
(1)师：同学们，你看这个小朋友太不会睡觉了，被子都压到身子下了，别着凉了，你能帮他把被子盖上吗？	(1)仔细观察，思考解决方法。	教师通过创设有趣的情境，引起学生的思考，引出图层叠放次序的介绍。
(2)教师用几本书实验，演示相互叠加的位置关系。(提示：小朋友和被子是两个图片)	(2)观看，思考。	

续表

教师活动	学生活动	设计意图
(3)学生尝试操作,教师提示参考教材调整图层。(教师巡视) (4)让一位学生示范演示。 	(3)尝试操作。 (4)上台演示操作,其他同学认真观看。	教师先让学生观察,参照实物理解叠放次序,然后让学生改变图层次序就容易多了。

4-4 课例 4——参加班队委竞选

分析教学难点或常见问题

PowerPoint 制作的演示文稿除了用于宣传外,还可以用来展示自我。“参加班队委竞选”是 2013 年 1 月第 3 版教材中第 4 册第 11 课,本课制作的演示文稿用来竞选演讲,教师需要讲解在幻灯片中插入艺术字作为竞选标语,选择漂亮的背景图片美化幻灯片。

●问题表现 1

在 PowerPoint 中应用图片有两种形式,其一直接插入图片,其二将图片设置为幻灯片背景。设置背景图片对于学生来说难度不大,但是插入图片与背景图片的设置方法极其相似,许多教师在本课教学中也忽视此问题,致使学生都是通过插入图片作为幻灯片的背景。

●问题表现 2

教师讲解在幻灯片中插入艺术字时,学生的积极性很高,也很乐于尝试添加各式各样的艺术字,甚至将所有的文字都用上艺术字效果,以至于效果很差。

师:同学们,对比这两个文字,哪个效果更好?

生:第 2 个

师:是的,通过艺术字可以很好地美化幻灯片。请同学们给竞选演示文稿添加艺术字。

生:练习操作。(许多学生将所有文字都用艺术字呈现)

这时,教师应该引导学生了解使用艺术字是为了突显主题,而不能对滥用艺术字的情况置之不理,甚至为了巩固练习,鼓励学生大量使用艺术字。

解决方法参考

对于学生容易混淆的知识,教师不能简单处理,要通过对比的方法深入剖析。学生只有真正了解其中的区别,才能熟练运用。

●案例 1 设置背景

教师活动	学生活动	设计意图
(1)师:同学们,你们在拍照时,都会仔细选景,为什么? (2)师:其实,创作演示文稿也是类似的,方同学的演示文稿选择白色背景,太过单调乏味,请选择一张适合作为背景的图片。 (3)师:怎么把你选择的图片设置为幻灯片背景呢?参考教材,小组合作,尝试设置背景。(有同学直接插入图片到幻灯片) (4)请小组汇报探究结果,推荐组员演示操作方法。(教师可以选择两种操作方法进行展示:其一通过直接插入图片的方法,其二通过设置背景的方法) (5)师:对于上述两组分别用了不同的方法设置背景,谈谈你的看法。 除了刚才同学们所说的不足之外,还有背景一般不希望随意拖动,而直接插入的图片会随意移动。 (6)让学生设置背景,并思考“应用”与“全部应用”的区别。	(1)有了美景的衬托,会使得照片构图更美。 (2)在 D 盘素材文件中挑选图片。 (3)小组合作,探究设置背景。(教师巡视指导) (4)分小组汇报展示,其他小组观看,并对比两种方法。 (5)都可以实现背景设置。(但是直接插入背景图片到幻灯片时,需要调整大小、位置、叠放次序。) (6)认真思考,总结结论。	教师通过类比拍照,先让学生知道选择合适背景的重要性。 指导学生选择背景图片,这样学生的积极性会更高。 对比不同操作方法,思考利弊,并让学生说说自己看法。 让学生明白解决问题的方法不是唯一的,但是方法也有优劣之分。

学生是课堂的主人,但不是任由学生“驰骋”。课堂上教师需要适时引导,对于不合理和不恰当的操作应该指正。

●**案例 2　插入艺术字**

教师活动	学生活动	设计意图
(1)师：方轻舟同学还有竞选口号哦，只是口号虽然响亮，但在幻灯片中不太显眼。广播展示宣传广告语，要怎么制作又大又美的文字呢？	(1)认真听讲，观察思考。	提供广告宣传标语，展示突显标题的方法。
(2)师：其实，PowerPoint 中提供了艺术字功能，利用这个功能就可以轻松实现这个效果，请你们参照课本自主探究。	(2)尝试使用艺术字。	
(3)请学生示范演示，研究艺术字工具栏各个工具的使用。	(3)边观看演示，边尝试操作。	了解艺术字工具栏工具的使用，达到熟能生巧的效果。
(4)让学生完善竞选幻灯片内容。	(4)完善作品。(教师巡视指导)	
(5)展示作品，评价交流。(选择优秀作品一件，同时选择一件过度使用艺术字的作品进行展示。)	(5)欣赏作品，互相评价。	通过对比，让学生感受到艺术字效果虽好，但也不能通篇使用艺术字。
(6)教师总结：使用艺术字效果是为了突出显示，如果通篇使用艺术字便不能突显主题。	(6)总结内容。	

4-5　课例 5——影音素材添精彩

分析教学难点或常见问题

“影音素材添精彩”是 2015 年 7 月第 1 版教材中第 7 册第 3 课内容，该课介绍了如何在 PowerPoint 中插入音乐、视频，完成护眼宣传期刊。插入声音和视频的方法并不难，但是 PowerPoint 并不支持所有的声音和视频格式，许多教师在教学中容易忽略这点。另外，学生在提交作品时不会提供原文件，导致无法正常播放。

●**问题表现 1**

教材案例提供的声音和视频都是 PowerPoint 所支持的格式，可以在 PowerPoint 中插入音频、视频，因而大部分教师在讲授本课时，使用光盘素材提供给学生，学生会轻松添加成功，但是如果让学生自己选择音乐就会存在问题了。

师：请同学们给你的电子期刊添加背景音乐。

生：老师，为什么我从网上下载的音乐，无法插入到幻灯片呢？

师：……

教学不能局限于教材，而要深度挖掘教材，根据学情进行取舍或者补充。在教学中，教师要让学生了解 PowerPoint 所支持的音频、视频文件格式，并且引导学生选择切合电子期刊主题的音乐和视频，不能随便选择。

●问题表现 2

演示文稿插入的声音和视频都是外部文件，因而学生插入的音频、视频原文件要和演示文稿文件放在同一文件夹下，并且复制作品时需要将音频、视频文件一并拷走，否则无法正常播放。

解决方法参考

信息技术课堂中教师应该鼓励学生动手实践，不能纸上谈兵。在 PowerPoint 中插入的声音和视频是有格式要求的，教师在课前可以准备多种类型的声音和视频，鼓励学生大胆尝试，让学生通过实践了解 PowerPoint 支持的声音和视频的格式。

●案例 1　插入声音、影片

教师活动	学生活动	设计意图
(1)让学生探究插入音乐和视频的方法。(提示：回忆插入图片的方法) (2)请一位学生示范。 (3)提问：D 盘素材文件夹中“眼睛结构.flv”视频文件可以插入到幻灯片中吗？ (4)教师讲解 PowerPoint 所支持的声音、视频文件格式。 (5)展示作品(选择插入无关的视频)，说说这样的内容是否恰当，为什么？	(1)探究插入音乐、视频的方法。 (2)一位同学示范演示，其他同学认真观看。 (3)学生尝试。 (4)认真听讲。 (5)观看作品，谈谈自己的看法。	让学生通过欣赏对比，直观感受在多媒体作品中适当添加音乐和视频更具感染力。 让学生了解插入的素材无论是音乐还是视频，都需要与主题相符。

俗话说“失败乃成功之母”，课堂中教师也要允许学生犯错误，唯有出现了问题，教师才能帮助学生一起分析解决问题，有了失败的教训，学生掌握知识才会更牢固。

●案例 2　保存提交

教师活动	学生活动	设计意图
(1)学生提交作品到教师机，教师展示时发现无法播放声音和视频，请学生思考为何会这样。 (2)教师讲解，幻灯片里插入的视频和声音文件一定要与演示文稿放在同一文件夹下并一同拷贝。	(1)思考问题。 (2)认真听讲，打包提交作品。	让学生了解声音和视频文件需要与演示文稿一同拷贝。

4-6　课例 6——动画效果轻松设

分析教学难点或常见问题

“动画效果轻松设”是 2013 年 12 月第 3 版教材中第 6 册第 5 课内容，该课介绍了如何给幻灯片中的对象添加动画效果。幻灯片自定义动画深受学生喜欢，但同时也经常出现学生乱用动画效果的现象，教师对此需要加以正确的引导。

●问题表现

教师在讲解 PowerPoint 自定义动画时，学生会非常感兴趣，通常情况下会迫不及待尝试，并在自己制作的作品中设置各种动画效果，以至于让人眼花缭乱。

师：示范演示添加自定义动画的方法，布置学生练习操作。

生：给幻灯片添加自定义动画。(尝试各种效果)

师：展示作品，评价交流。

许多教师在评价学生作品时，大多关注的是学生是否掌握添加自定义动画的方法。其实，教师更要关注期刊作品，要让学生了解添加动画效果的用途。

解决方法参考

在课堂教学中教师可以采用对比展示，让学生积极参与讨论交流，让学生体会到动画效果不能滥用，更要考虑作品整体效果，明白恰当地使用技术才是关键。

●**案例**

第一，对比动画，引出课题。

教师活动	学生活动	设计意图
(1)展示两幅多媒体作品，观察两幅作品有何不同，提问学生更喜欢哪副作品，为什么？ (2)师：同学们都喜欢第二幅作品，因为有动态效果。这节课就来学习如何给对象添加动画效果。	(1)欣赏作品，仔细观察，说说自己见解。 (2)明确任务。	通过学生的身边事，激发学生创作的热情。

第二，教师讲解，新知学习。

教师活动	学生活动	设计意图
(1)再次展示《我们的眼睛》多媒体作品，引导学生观仔细观察，分析哪些对象在动。 (2)师：是的，在 PowerPoint 中可以给对象添加自定义动画，在多张幻灯片切换时还可以添加切换效果。 (3)教师示范演示设置自定义动画方法。 (4)布置学生根据需要给作品对象添加自定义动画。 (5)展示作品，组织学生评价交流。(通过作品展示，让学生发现动画效果不是用的越多越好。)	(1)仔细分析，任务分解。 (2)认真听讲，了解 PowerPoint 中的动画效果。 (3)学生仿照操作。 (4)学生继续练习，完善作品。 (5)师生评价。	通过学生的身边事，激发学生创作的热情。 恰当运用动画能增添作品的观赏性，过多使用反而会使作品太乱。

4-7 课例 7——校园舞台展风采

分析教学难点或常见问题

“校园舞台展风采”是 2013 年 12 月第 3 版教材中第 6 册第 8 课内容，该课介绍了如何制作可爱的小老虎跳舞动画，让学生掌握制作逐帧动画的方法，了解动画形成的原理以及图层的概念。

●**问题表现**

许多教师在讲解一些概念时，习惯让学生阅读教材，试图通过阅读让学生理解原理，显然这样做是不科学的。例如让学生了解动画原理：

师：广播展示逐帧动画概念，让学生仔细阅读。

生：老师，关键帧是什么？

师：……

教学是让复杂的问题简单化，而不是让问题更加复杂。教师不能简单地“教”教材，要充分了解学情，设计出符合学生年龄特点的方案，让学生直观地感受动画，进而内化吸收，建构自己的知识体系。

解决方法参考

对于一些晦涩难懂的理论，教师可以设计一些直观的实验，不用过多的语言解释，便能让学生悟出其中的道理。

●案例 1

第一，游戏互动，了解动画原理。

教师活动	学生活动	设计意图
(1)师：上课前，老师给同学们变个魔术，观察手里的扇子，扇子一面是鸟，另一面是鸟笼，接下来就是见证奇迹的时刻。(老师快速旋转扇子) (2)师：同学们你知道鸟为什么被关进笼子里了？ (3)师：当扇子旋转的速度加快时，我们就会看到鸟被关进笼子里了，其实这是一种错觉。 (4)师：其实，我们现在所看的动画片就是运用这个原理形成的，今天我们就来学习制作动画。	(1)观看老师魔术。 (2)思考。 (3)认真听讲，了解视觉错觉。 (4)明确任务	课前用感兴趣的小魔术，调动学生的积极性，并从这个小魔术中领悟到动画形成的原理。

第二，借助实验，了解图层概念。

教师活动	学生活动	设计意图
(1)教师课前准备道具——3 张透明薄膜，第 1 张上是舞台背景，第 2 张上是一只小老虎，第 3 张上是观众。请两位同学协助老师实验。 (2)教师提问：将 3 张透明薄膜相互叠加在一起，会看到怎样的效果？如果此时移动小老虎又会产生什么效果呢？ (3)师：是的，这个小老虎跳舞动画的制作原理就是这样，每层透明薄膜在 Flash 中叫做——图层。	(1)积极参与。 (2)仔细观察，认真思考。 (3)认真听讲，了解图层。	用直观的实验，让学生轻松了解图层的概念。

4-8 课例 8——Flash 引导动画制作

分析教学难点或常见问题

“百米赛跑冲向前”是 2013 版第 6 册第 11 课的教学内容，该课介绍了 Flash 引导动画的制作。

引导动画是让元件沿着引导线运动的一种动画，该动画的制作过程主要有 4 个步骤：绘制引导线、设置第 1 帧、设置最后 1 帧和制作引导动画。教师在讲解“百米赛跑冲向前”课例时出现的常见问题主要有三个：一是对绘制直线引导线过程讲解过快；二是对将直线引导线调整为曲线引导线讲解得不清晰；三是对元件如何吸附在引导线上讲解过快。

●问题表现 1

教师在讲解引导线的绘制时过快，没有强调引导线必须绘制在引导层上，不可以绘制在被引导层上，导致部分同学将引导层添加后就放置在一边，然后在被引导层上绘制引导线。

师：刚刚已经添加了引导层，现在我们来绘制如图 7-4-8-1 所示引导线。

图 7-4-8-1　添加引导线示意图

教师开始操作演示，没有强调要在引导层上绘制引导线，即图 7-4-8-1 中

的过程1:必须在引导层第1帧上单击,选中引导层。(插图引用课本中的原过程图)

生:将引导线绘制在了被引导层,即在"跑步"图层第1帧上单击。学生此时并不知道自己已经出了错误。

●**问题表现2**

教师在讲解直线引导线调整为曲线引导线时讲解得不清晰,主要表现为对于选择工具应放在直线哪个位置才可以调整直线为曲线,导致部分学生不知选择工具放置的正确位置,只能调整直线的位置,因而无法将直线引导线调整为曲线引导线。

师:刚刚我们绘制了直线引导线,现在我们把直线通过拖拽更改成曲线。

教师此时来操作,但没有像如图7-4-8-2中提醒文字中描述的那样进行强调。(插图引用课本中的原过程图)

图7-4-8-2 制作曲线引导线提醒内容

学生此时操作,大部分没有根据图7-4-8-2的提醒内容进行操作,只听教师的讲解。即使有学生看到提醒描述文字,大部分也不知道如何实现,导致将直线引导线通过拖动移动了位置。

●问题表现 3

教师在讲解如何将元件吸附在引导线上时过快，主要表现在没有强调如图 7-4-8-3 所示将第一帧元件的中心点调整在引导线的起点位置以及如图 7-4-8-4 所示将最后一帧元件的中心点调整在引导线的终点位置，只是在操作时拖动调整，导致学生无法完成引导动画的制作。(插图引用课本中的原过程图)

图 7-4-8-3　确定起点位置

图 7-4-8-4　拖动至结束位置

解决方法参考

教师可以通过实例演示介绍引导动画的作用和制作过程，根据引导动画制作的过程，分步骤操作演示给学生看，同时注意对以上问题易出现处的知识点进行强调，然后边讲边练。

●案例1 绘制直线引导线

第一，介绍“跑步”图层的作用。

教师活动	学生活动	设计意图
(1)打开 Flash 软件，打开文件，介绍此时图层控制面板只有“跑步”图层。 (2)介绍“跑步”图层将用于跑步动画的设置。	(1)观察文件的图层控制面板。 (2)听清“跑步”图层的作用。	让学生知道“跑步”图层的作用。(用 2 分钟)

第二，添加引导层，观察图层控制面板。

教师活动	学生活动	设计意图
(1)添加引导层： 通过操作演示介绍给“跑步”图层添加引导层的方法。 (2)让学生观察此时图层控制面板的变化： (3)让学生回答此时的变化有什么： (4)教师总结变化： “跑步”图层自动设为被引导层； 引导层名称自动修改了。	(1)观察教师操作过程。 (2)观察变化所在。 (3)回答。 (4)听课。	让学生知道引导层的添加方法。

第三，绘制直线引导线，学生练习。

教师活动	学生活动	设计意图
(1)绘制直线引导线。 通过操作演示，强调在刚刚添加的引导层第一帧上单击，在该位置上绘制直线引导线，而不是在“跑步”图层上绘制。 (2)让学生练习以上操作。	(1)观察教师操作过程，记住教师强调的内容。 (2)学生练习引导层的添加和直线引导线的绘制。	让学生明白引导线是在引导层上绘制，而不是在被引导层——“跑步”图层上绘制。(用 5 分钟)

●案例2 调整引导线

第一，学生探索、讨论，教师提问。

教师活动	学生活动	设计意图
(1)让学生自行探索，尝试找出将直线引导线调整为曲线引导线的方法。 (2) 分组讨论。 (3)提问学生有没有什么方法可以进行调整?	(1) 动手操作、探索方法。 (2)讨论、交流。 (3)回答问题。	让学生自行探索尝试和讨论交流，这样学生就能知道自己的一些方法是不是正确的，以后可以避免犯错。(用 4 分钟)

第二，教师引导、学生分组合作。

教师活动	学生活动	设计意图
(1)带领学生找到调整的方法，教师操作演示说清调整的具体方法，强调只有当鼠标放在直线附近，指针发生变化时方可通过拖动实现调整。 (2)让学生分组合作，完成调整。	(1)听清正确的方法。 (2)动手操作，合作完成。	通过教师操作、强调以及学生练习，让学生掌握正确的方法。(用 4 分钟)

●案例 3　制作引导动画

第一，学生探索、讨论，教师提问。

教师活动	学生活动	设计意图
(1)强调引导动画最后的一个关键过程： 需要将对象吸附在引导线上。 操作演示部分过程： 将被引导层第 1 帧元件的中心点调整至引导线起点。 (2)让学生分组合作，完成已介绍的吸附部分过程，并尝试完成剩余过程。 (3)操作演示剩余过程。 将被引导层结束帧元件的中心点调整至引导线终点。 (4)让学生练习完成实例，教师给以指导。	(1)听清教师强调的内容。 观察教师操作过程。 (2)小组合作、讨论、探究。 (3)观察。 (4)练习，完成实例。	教师通过强调、演示(用 3 分钟)，让学生分组合作掌握引导动画制作的关键过程：对象如何吸附在引导线上。(用 4 分钟)

4-9　课例 9——吟诗赏画入情境

分析教学难点或常见问题

“吟诗赏画入情境”是 2013 年 12 月第 3 版教材中第 6 册第 12 课内容，该课介绍了制作遮罩动画的方法，这是 Flash 中最难掌握的一种动画类型，教师在教学过程中需要引导学生了解遮罩层和被遮罩层的关系。

●问题表现

遮罩动画一般有两种类型：一类是遮罩层对象运动动画，另一类是被遮罩层对象运动动画。很多教师在讲解本课时，首先没有让学生明白遮罩层与被遮罩层的关系，直接演示操作步骤，致使学生困惑，即使少数学生依葫芦画瓢完成动画，之后也不能举一反三。

解决方法参考

教师可以通过实物展示，给学生直观的视觉体验，让学生了解通过遮罩图层内容可以透视到下层(被遮罩层)，并且了解遮罩层对象运动和被遮罩层运动产生动画的区别。

●案例

第一，欣赏作品，导入新课。

教师活动	学生活动	设计意图
(1)教师展示“探照灯动画”。	(1)欣赏作品。	展示一个简单的遮罩动画，让学生大胆猜测，调动学生的好奇心。
(2)师：猜猜看这个动画怎么制作的？	(2)学生猜测(逐帧动画)。	
(3)教师出示自制教具(一幅画，一个圆形镂空大纸)，请一位同学协助教师展示。	(3)师生合作，展示实验。	
(4)师：将大纸覆盖在画上，你能看到什么？	(4)“画”的一部分(圆形镂空部分)。	
(5)师：当移动上面的镂空圆形，会出现什么情形呢？	(5)学生想象。	
(6)这就是探照灯动画的形成原理。同学们说说这个动画需要几层。	(6)学生思考，回答：需要两层。	互动展示遮罩动画原理。
(7)师：是的，下面的背景层叫被遮罩层，上面镂空的图层叫遮罩层。	(7)明白遮罩动画原理。	
		直观展示遮罩层和被遮罩层关系。

第二，师生探究，新课学习。

教师活动	学生活动	设计意图
(1)展示“吟诗赏画入情境”动画，分析动画原理。(学生不太懂遮罩层是什么动画)	(1)分析作品。背景层是诗、画，遮罩层是……	分析案例动画，让学生说说遮罩层和被遮罩层分别是什么内容，以及它们如何动态变化。
(2)遮罩层的镂空部分在逐渐变大，就会实现效果。	(2)认真听讲。	
(3)提问：镂空部分图形在逐渐变大，应该用什么类型动画实现呢？	(3)形状补间动画。	
(4)布置学生尝试操作。	(4)学生操作。	
(5)收集问题，互帮互助。	(5)相互帮助。	
(6)展示作品，组织学生评价。	(6)评价交流。	鼓励学生大胆尝试。

5 中学信息技术课例研究

5-1 课例 1——“会声会影”导入影片素材

分析教学难点或常见问题

“家庭影片初制作”是 2015 年 1 月第 1 版七年级下册第 2 单元活动 1 的教学内容，该课介绍了如何利用会声会影制作家庭影片。

在介绍导入影片素材过程中，教师演示通过添加视频素材、加工视频素材来编辑影片。教师在讲解本活动内容中，导入影片素材部分的常见问题主要有两个：一是对视频素材添加和导入到时间轴过程讲解不清晰；二是对设置视频片段讲解过快。

●问题表现 1

教师对视频素材添加和导入到时间轴过程讲解不清晰，导致学生不明白“选择导入视频”和“插入到时间轴”两步的区别和效果。

师：刚刚已经插入了片头图像，现在我们来导入视频素材。

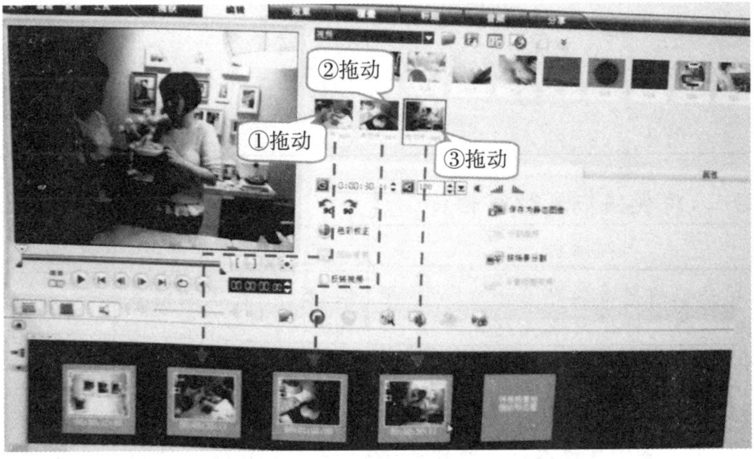

图 7-5-1-1 将视频拖到时间轴

教师开始操作演示，没有强调“选择导入视频”是将三个视频素材添加到视频素材库这一步骤，而就直接把三个视频素材拖拽到时间轴上，如图 7-5-1-1 所示。（插图引用课本中的原过程图）

学生对老师刚刚操作的步骤莫名其妙，不知道为什么将视频导入素材库中后又要将视频拖到时间轴上。

●问题表现 2

教师对设置视频片段讲解过快，导致学生不明白拖动“修整拖柄”的作用是调整素材片段的长度，即剪辑掉不需要的部分。

师：现在我们来拖一下“修整拖柄”。

学生：为什么要拖一下“修整拖柄”，拖了以后我们再做什么呢？

解决方法参考

教师通过实例演示介绍视频导入及编辑，分步操作演示给学生看，注意对易出现以上问题的知识点进行强调，然后边讲边练。

●案例 1　导入视频

第一，将视频导入素材库。

教师活动	学生活动	设计意图
(1)介绍将视频导入素材库的作用：将视频素材添加到素材库中，以便后期使用该素材。 (2)通过操作介绍书中“选择导入视频”的步骤。 (3) 让学生练习。	(1)听清“导入视频素材到库”的作用。 (2)结合书本看清教师操作。 (3)练习。	让学生明白导入视频素材的作用。(用 5 分钟)

第二，将视频拖到时间轴。

教师活动	学生活动	设计意图
(1)介绍将视频拖动到时间轴的作用：要编辑视频，必须将视频拖动到时间轴上，才能进行后期的编辑。 (2)通过操作介绍书中“插入到时间轴”的步骤。 (3)强调：导入素材和插入到时间轴都可以通过“导览”面板进行预览，但是必须将导入的素材插入到时间轴后，才能进行后期的编辑操作。	(1)听清“将视频插入到时间轴”的作用。 (2)结合书本看清教师操作。 (3)听清教师强调的内容。	让学生明白插入视频到时间轴的作用。(用 5 分钟)

●案例 2 设置视频片段

第一，介绍视频片段可以进行剪辑。

教师活动	学生活动	设计意图
(1)提问：视频如果时间太长了，或者其中有些内容不是我们需要的，我们有没有办法处理呢？ (2)师：对，我们可以在会声会影中通过“剪辑”删除多余的视频内容。 (3)让学生思考或尝试：结合“设置片头画面”中的画面知识点，思考在会声会影中应如何对视频进行剪辑。	(1)回答：可以删除。 (2)听课。 (3)学生思考、尝试。	让学生明白视频不需要的部分是可以通过剪辑来删除的。 (用 5 分钟)

第二，操作演示视频的剪辑。

教师活动	学生活动	设计意图
(1)演示介绍通过“导览”面板中“修整拖柄”的拖动来调整视频素材的长度。 (2)让学生练习调整一个视频的长度。 (3)教师在学生练习过程中了解学生遇到的问题，并统一进行讲解，解决问题。 (4)让学生将其他两个视频素材使用同样的方法调整视频的长度。	(1)观察教师操作过程。 (2)练习。 (3)遇到问题请教老师。 (4)练习。	让学生清楚地明白调整视频素材长度的操作过程。 (用 7 分钟)

5-2 课例 2——Photoshop 中文本格式设置

分析教学难点或常见问题

“特色班牌同制作”是 2015 年 7 月第 1 版八年级上册第 1 单元活动 2 的教学内容，该课介绍了在利用 Photoshop 制作背景后，如何通过添加文字、设置文字格式制作个性化的班牌。

教师在介绍设置文字格式时，出现的常见问题是对已输入的文字设置格式过程讲解不细致，或只照书本步骤简单介绍。

●问题表现 1

教师在演示完输入文字“四叶草班”后，让学生模仿操作练习。

学生输入文字后，有一些学生发现无论输入多少文字，都看不到自己输入的文字。

●问题表现 2

教师在介绍完设置文字格式和移动文字后，就按书本步骤保存文件，如图 7-5-2-1 所示。（插图引用课本中的原过程图）

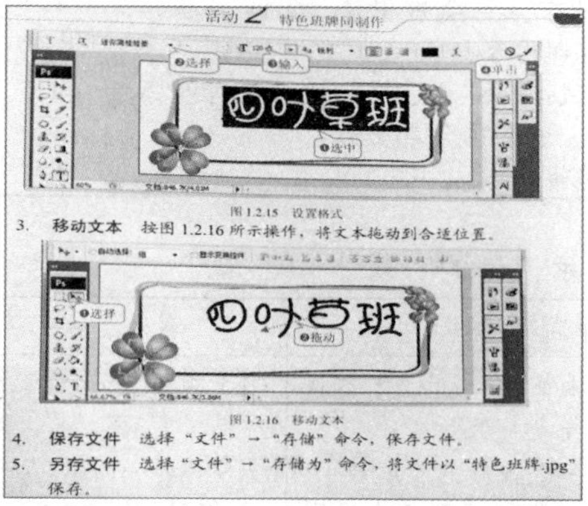
活动 2 特色班牌同制作

图 1.2.15 设置格式

3. 移动文本 按图 1.2.16 所示操作，将文本拖动到合适位置。

图 1.2.16 移动文本

4. 保存文件 选择“文件”→“存储”命令，保存文件。

5. 另存文件 选择“文件”→“存储为”命令，将文件以“特色班牌.jpg”保存。

图 7-5-2-1 移动文字后保存文件步骤图

但学生移动完文字后，发现文字格式还想更改，却不知如何更改。

解决方法参考

教师在介绍输入文字前，要先说明文字颜色和文件的背景色不可相同，并通过操作介绍移动完文字后如何修改文字格式的方法。

●案例 1 输入文本

教师活动	学生活动	设计意图
(1)提问：大家观察一下，我们现在文件的背景色是什么颜色？ (2)提问：大家再观察一下，现在选中文字工具后，文字工具属性栏中文字颜色是什么颜色？ (3)总结：对，此时背景色是白色，文字颜色是黑色，是两种不同的颜色。 (4)根据书本步骤，输入“四叶草班”。 (5)把背景色设置为黑色，再输入文字，让大家观察：现在大家能看到我输入的文字吗？为什么？	(1)观察，回答是白色。 (2)观察，回答是黑色。 (3)听课。 (4)观察老师操作步骤。 (5)思考、交流、回答。	让学生学会文字输入方法的同时，知道文字和背景色不可是同一种颜色，否则看不到输入的文字内容。(用 6 分钟)

续表

教师活动	学生活动	设计意图
(6)总结：当背景色和文字是同一种颜色时，就无法看到输入的文字。所以文字和背景色不能是同一种颜色。 (7)让学生练习文字的输入。	(6)听课。 (7)练习。	

●案例 2 移动文字后再编辑文字格式

教师活动	学生活动	设计意图
(1)提问：刚刚我们输入文字后设置了文字格式，然后利用移动工具移动了文字，那如果现在发现文字格式还需要进行设置，能不能再设置呢？ (2)让学生分组尝试再设置文字格式。 (3)演示再设置文字格式的方法。 (4)让学生练习。	(1)思考、交流、回答。 (2)分组尝试。 (3)听课、观察。 (4)练习。	让学生知道退出文字编辑后，还是可以再进行格式设置的。(用 6 分钟)

第8部分

"Logo语言与机器人"模块课堂学习与课例研究

8

1　学业标准要求

1-1　国家纲要要求及安徽省现今教学有关要求

国家纲要要求

2000 年，教育部发布《中小学信息技术课程指导纲要（试行）》，其中对小学信息技术阶段的"Logo 语言与机器人"模块提出以下教学目标要求：

（1）了解信息技术的应用环境及信息的一些表现形式。

（2）建立对计算机的感性认识，了解信息技术在日常生活中的应用，培养学生学习、使用计算机的兴趣和意识。

（3）在使用信息技术时学会与他人合作，学会使用与年龄发展相符的多媒体资源进行学习。

（4）能够使用通讯远距离获取信息、与他人沟通，开展直接和独立的学习，发展个人的爱好和兴趣。

（5）知道应负责任地使用信息技术系统及软件，养成良好的计算机使用习惯和责任意识。

安徽省现今教学有关要求

安徽省结合安徽的特点，结合教育部《中小学信息技术课程指导纲要（试行）》的精神，对小学信息技术阶段的“Logo 语言与机器人”模块的对应内容提出了如下要求：

（1）初步了解 Logo 语言与机器人，让学生对相关知识有一个初步的了解。

（2）了解 Logo 语言简单的编程与机器人简单制作。

（3）掌握 Logo 语言绘图功能与机器人编程。

（4）了解 Logo 语言高级编程与展望机器人的未来发展。

（5）了解与信息技术相关的文化道德和责任；培养使用计算机的良好习惯。

1-2 纲要解读及分析

中小学信息技术教育是为了适应技术快速发展的信息时代对人才培养提出的新要求而设置的学习领域，是在综合实践活动课程中以培养学生的信息素养和信息技术操作能力为主要目标，以操作性、实践性和探究性为特征的基本学习领域之一。义务教育阶段信息技术课程以培养学生对信息技术的兴趣和意识、培养学生的基本信息素养为根本目的。信息技术课程不仅要使学生掌握基本的信息技术技能，促进个性化发展，还要使学生学会运用信息技术增进交流与合作，拓展视野，勇于创新，形成解决实际问题的能力和终身学习的能力，明确信息社会公民的权利与义务、伦理与法规，形成与信息社会相适应的价值观与责任感，为适应未来学习型社会提供必要保证。

课程的基本理念：

（1）奠定基础。义务教育阶段信息技术课程着重培养学生的基本操作技能，注重学生动手能力的培养，为学生打造终身学习的平台。

(2)注重素养。义务教育阶段信息技术课程应以培养学生的信息素养为宗旨,使学生在学习信息的获取、加工、管理、表达与交流的过程中,掌握信息技术,感受信息文化,增强信息意识,培养学生良好的信息素养。

(3)重在实践。义务教育阶段信息技术课程应与学生日常的学习和生活紧密结合,鼓励学生将所学的信息技术积极地应用到学习和生活实践中去,让学生在学科课程的学习过程中掌握应用信息技术解决问题的方法,在学习中实践,在实践中学习。

我们认为,就"Logo 语言与机器人"模块而言,首先是培养学生学习 Logo 语言与机器人的兴趣,建立对 Logo 语言与机器人的感性认识,其次是初步接触和了解有关知识。

在实际的教学过程中,教师应该结合教育部《中小学信息技术课程指导纲要(试行)》的精神,结合当地的具体情况适当提高和更新,全面地领会纲要的精神,综合地考虑纲要各方面的要求,灵活地运用好各类教学方法和教学手段。

2 小学信息技术学习关键问题及指导

2-1 Logo 语言认识与学习

Logo 语言是一种早期的编程语言,也是一种与自然语言非常接近的编程语言。小学阶段学习 Logo 语言以认识和了解为主,为将来继续学习奠定基础。教师在进行课堂教学时,应指导学生正确认识 Logo 语言,应指导学生初步掌握 Logo 语言的基础知识。

2-2 认识与了解机器人

学生对于机器人的认识很是片面,所以对机器人的理解容易产生偏差。教师在课堂教学实践活动中,应指导学生全面认识机器人的形状、功能、特点等,帮助学生构建新的知识结构。

2-3 机器人的制作与编程

机器人的形状应该根据任务来决定，即为完成不同的任务而设计不同外形的机器人。学生们在设计制作机器人时，通常习惯将机器人人形化。另外，学生在机器人编程上存在很大的困难，如对于机器人程序的微调整缺乏足够的耐心。在教学时教师应重点指导学生做好机器人制作的规划工作，规划得越科学，制作起来的难度相应就越低。而且，教师要有足够的耐心指导学生给机器人进行程序调试，以达到预期效果。

3 小学信息技术课例研究

3-1 课例 1——认识 Logo 语言

分析教学难点或常见问题

学生们第一次接触编程，对于编程的理解完全空白。或许部分学生从电视或电影中看到过类似的片断，但他们对编程的认识仍是不足，这无疑增加了教学的困难。

学生的思维方式具备很强的逻辑性，但在面对 Logo 语言这一逻辑思想要求很高的语言时，学生学习起来也是相当困难的。教师在教学时应当充分考虑学生的特点以及由此可能产生的困难，有针对性地安排教学活动环节，引导学生顺利完成教学任务。

●问题表现 1

对 Logo 语言的解释是抽象的，因而我们在教学时会以软件中的“小海龟”为语言的载体，来讲解 Logo 语言。Logo 语言中小海龟是怎样移动的，这是大部分学生在学习 Logo 语言中所面临的第一个问题。学生在第一时间会想：小海龟能直行、倒行、左移、右移、斜移、S 形移动等，这是他们建立在自己可以移动方式的基础上所能考虑到的移动方式。这样的思维会影响到学生对 Logo 语言更深内容的学习，因而建立初步的编程思想在这一课就显得尤为重要。如：安徽省小学信息技术 2011 年版 2014 年第 2 次印刷本第 5 册第 3 单元第 7 课“指挥海龟起步走”一课，教师在课堂教学的过程中出现了以下情况。

课堂实录

师：同学们，今天介绍一位新朋友给大家认识，它就是“小海龟”。同学们可以通过程序来指挥它移动。先请一位同学上台来，围绕讲台走一圈，其他同学说一说你将会如何走？

生：（上台围绕讲台走一圈）

生 1：我会沿着讲台慢慢走一圈。

生 2：我会先直着走，再转弯走，一直走一圈。

生 3：……

师：请看大屏幕（图 8-3-1-1），想一想，小海龟会怎么走？

图 8-3-1-1

生 1：它和我们一样走。

师：……

●问题表现 2

学以致用，讲究实效。学生在学习新的语言时，不知道 Logo 语言可以做什么，学习目的的不明确会导致学生不能朝着既定目标前进，而且这样教学的结果只会让学生一知半解，达不到好的教学效果。以下是一位老师在上课时，学生们提出的问题。

课堂实录

师：同学们，今天老师我们班来了一位新朋友，大家请看大屏幕(展示小海龟)。大家一起来和它打个招呼。小海龟，你好！

生：小海龟，你好！

师：小海龟和我们一样，也可以走路，它可以直行，也可以后退，还可以转弯。

生 1：老师，它可以横着走吗？

生 2：老师，它可以斜着走吗？

师：……

解决方法参考

教师在教学时不能只考虑到教材，因为一本教材不能将所有的知识罗列进去。教师在新知教学的过程中更应该注重引导，扩大学生的视野，了解教学活动更深的意义。这需要教师在教学前先做好充分的教学准备工作，针对学生的实际情况、教材情况、自己的教学特点等，做出适合自己教学、适合学生学习的教学设计，再进行教学实践活动。

●案例 1　创设情境，导入新课

教师活动	学生活动	设计意图
(1)介绍新朋友“小海龟”给学生们，并告诉学生们可以通过程序来指挥它。  (2)请一位学生上台，沿教师讲台走一圈。请学生说一说自己是怎么走的？ (3)“小海龟”是怎样走的，它能和我们学生一样走吗？	(1)围绕讲台走一圈，说一说自己是如何行动的。 (2)想想“小海龟”是如何行走的？	学生通过实践活动，认识自己行动的步骤，从而与程序区别开来。 学生通过思考，发现自己认知上的错误，进而接受新的知识。

教师通过比较学生与“小海龟”行走，展示Logo语言的命令，给学生学习Logo语言留下初步的思维印象。学生通过自己与“小海龟”行动对比，对Logo语言有了初步的了解，为今后的学习奠定了基础。

●案例2　欣赏导入，激发兴趣

教师活动	学生活动	设计意图
(1)展示“小海龟”给学生们，介绍新朋友“小海龟”。	(1)认识“小海龟”。	让学生通过欣赏“海龟”绘制的图形，认识和了解“海龟”画图的强大。 让学生通过对比了解“海龟”行动与自己行动的相同点和不同点。
(2)展示“小海龟”的本领，与小海龟交朋友。	(2)欣赏“小海龟”的本领，与“小海龟”交朋友。	
(3)对比“小海龟”，看看小海龟的行动与同学们有哪些相同，哪些不同。	(3)对比“小海龟”与人行动的不同。	

学生对知识的接受与理解需要一个过程，更需要教师用好的素材从多方面引起学生的注意。当学生注意到学习的知识或者说学习的知识吸引了他们时，他们学习的效果会成倍增长，反之则减少。因而在教学新知时，教师应从学生的兴趣着手，这样往往事半功倍。

3-2　课例2——Logo语言中提笔与落笔命令

分析教学难点或常见问题

Logo语言的教学需要教师的引领。对于小学生来说，他们对于Logo语言的理解是全新的，因而在学习的过程中会产生各种各样的错误理解。

●问题表现 1

Logo 语言中的提笔与落笔往往是学生容易产生错误的地方,不是忘记提笔,就是忘记落笔。教学时教师应指导学生正确使用提笔与落笔。如:安徽省小学信息技术 2011 年版 2014 年第 2 次印刷本第 5 册第 3 单元第 8 课“教海龟学写汉字”一课,教师在课堂教学的过程中出现了以下情况。

师:同学们,我们已经学会了绘制简单的图形,今天老师要增加难度,看看下面的图形如何绘制?

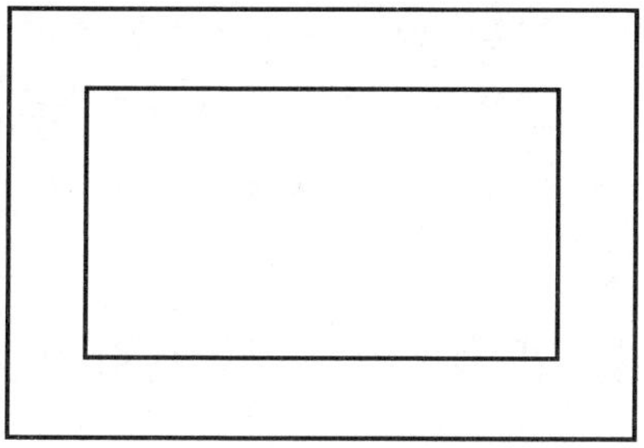

图 8-3-2-1

师:绘制这样的图形要分 2 步:第 1 步先绘制外面的图形,然后运用提笔(PU)命令将海龟移动到图形中,再运行落笔(PD)命令;第 2 步绘制里面的图形。

(学生尝试操作)

生:老师,我画的海龟画不了图了。

师:……

解决方法参考

Logo 语言的提笔与落笔命令需要老师仔细讲解,再配合大量的练习,才能让学生掌握。在初步运用中有学生会忘记提笔,导致图形与图形之间连成一体;也有学生提笔后忘记落笔,之后海龟一直绘制不了图形。在学生初步接触时,教师先不要讲太多的理由,而让学生去练习,在学生遇到困难时再提出问题解决的方法,最后配合大量的练习,这样学生很快就能掌握提笔与落笔命令。

●**案例1　绘制回形**

教师活动	学生活动	设计意图
(1)复习Logo语言，让学生绘制四边形。 (2)展示回形图形，让学生思考绘制方法。 (3)讲解提笔和落笔命令：PU，PD。 (4)指导学生尝试绘制回形图形。 (5)指导学生纠正错误。	(1)复习Logo语言，绘制四边形。 (2)思考绘制回形图形的方法。 (3)学习提笔落笔命令。 (4)尝试绘制回形图形。 (5)纠正错误。	以练习促进学生对知识的学习与掌握，让学生在实践中发现问题，在解决问题的过程中掌握新知。

练习是解决问题的有效途径。学生对于新知的学习不能快速掌握，他们对于新知的理解需要通过练习来加以应用，在应用中发现问题，在解决问题的过程中巩固新知，从而达到掌握新知的目的。

3-3　课例3——认识机器人

分析教学难点或常见问题

学生们对于机器人的认识大多数来自于电视、电影，认为机器人十分强大，无所不能。先入为主的思维导致学生对机器人的认识与理解局限于人形、自主、强大和无所不能。在教学时，教师应向学生展示教育机器人、工业机器人、军用机器人、家庭机器人等各类机器人，让学生对机器人的理解更加客观、全面。

●**问题表现1**

随着科学技术的不断更新，社会发展不断进步，机器人已经进入到家庭、工业、军事、教育等领域，发挥着越来越重要的作用。但学生们对机器人的认知还停留在科幻电影里，而且课堂教学中单一的讲解并不能改变学生们的认知。例如：安徽省小学信息技术2011年版2015年第1次印刷本第8册教材中的第9课“我喜欢的机器人”一课中，有老师这样进行教学：

师：同学们，机器人的用途广、本领大，在各行各业都得到了广泛的应用，让我们一起走进神奇的机器人世界吧！

教师展示课本机器人，如图 8-3-3-1 所示。

机器人奏乐　　　　机器人跳舞

图 8-3-3-1

师：同学们，了解机器人后，我们一起来练一练。（请同学们判断图8-3-3-2中哪些是机器人，哪些不是？）

图 8-3-3-2

生：1、2、3、4、5 是机器人，4 不是机器人。

师：……

●问题表现 2

学生们都认为机器人十分强大，几乎无所不能。例如，扫地机器人，它能把地板扫得一尘不染；娱乐机器人可以跳各种舞蹈，比真人跳得还要好；作战机器人在战场上无敌，只要作战机器人一出场，战斗马上结束……其实不尽然，机器人还没有发展到无所不能的程度，仍处于发展期，还存在不足，需要不断地改进。

师：机器人本领大，你知道它们能干什么？

生1：机器人可以对话，你问什么他回答什么，你所有的问题它都知道。

生2：机器人可以打战，只要机器人一出场，战斗马上结束，机器人大获全胜。

生3：机器人可以跳舞，什么舞蹈它都会。

师：……

解决方法参考

学生的问题并不是知识理解上的问题，而是由于认知上不足导致的问题，也就是说，当学生对相关知识的了解达到一定水平时，就不存在以上的困难。所以教师若要解决这类学生的问题，还是应该以丰富学生知识为主，多以图片、视频等来向学生传递知识，减少语言的灌输。

●案例1　了解机器人的用途

教师活动	学生活动	设计意图
(1)展示生活机器人图片：扫地机器人、护理机器人、服务机器人和停车场机器人。 (2)总结生活机器人特点：由人设定，能完成任务。 (3)展示娱乐机器人视频，欣赏机器人奏乐、跳舞。 (4)总结娱乐机器人特点：由人设定，能完成任务。 (5)学生对照课本，自主探究军用机器人、工业机器人、农业机器人。 (6)引导学生总结机器人的特点。 (7)练一练，判断图中中哪些属于机器人。	(1)欣赏生活机器人图片。 (2)总结生活机器人特点。 (3)欣赏娱乐机器人视频。 (4)总结娱乐机器人特点。 (5)对照课本，自主探究军用机器人、工业机器人和农业机器人。 (6)总结机器人的特点。 (7)完成练习。	通过欣赏图片、观看视频、查看书本等多种形式的学习，学生对机器人有了更深入的学习与了解，并且重新整理了自己的知识结构。 学生通过学习过后的练一练，巩固了自己对机器人的认识与理解。

由图片认识到视频认识，再到学生自主探究学习课本，为的是让学生一步步接受机器人概念。因为要改变学生以前的认识，所以教师才要通过大量的图片、视频等资料来让学生慢慢接受。

●案例 2 机器人本领大

教师活动	学生活动	设计意图
(1)机器人能说会道,案例讲解:北京奥运会“福娃”机器人,上海世博会“海宝”机器人。  福娃机器人  海宝机器人	(1)了解北京奥运会“福娃”机器人,上海世博会“海宝”机器人。	教师通过案例讲解,给学生展示真实的机器人案例,说明机器人也是有所能而又有所不能的。
(2)机器人能自动控制,案例讲解:无人机战场侦察、通信中继和电子对抗等,谷歌公司无人驾驶汽车。  军用无人驾驶飞机  Google无人驾驶汽车	(2)了解无人机战场侦察、通信中继和电子对抗等,谷歌公司无人驾驶汽车。	
(3)机器人的极限作业,案例讲解:“蛟龙”号水下探测活动,“嫦娥三号”登月探测活动。  “蛟龙”号深海探测器  “玉兔”号探月车	(3)了解“蛟龙”号水下探测活动,“嫦娥三号”登月探测活动。	
(4)机器人的人工智能,案例讲解:IBM 公司“深蓝”机器人,“猜想”机器人博弈五子棋。  “深蓝”与卡斯巴洛夫对弈  与“猜想”下五子棋	(4)了解 IBM 公司“深蓝”机器人,“猜想”机器人博弈五子棋。	

机器人不是万能的,这是本节课教学潜在的内容。通过课堂上教师的案例分析,让学生真真切切地明白机器人的强大,但机器的强大只在

某一方面,很是单一,并不是所有的机器人在任何方面都十分强大。

3-4 课例4——机器人制作

分析教学难点或常见问题

学生对于制作机器人很感兴趣,一听要亲手制作机器人,个个都摩拳擦掌、跃跃欲试。但学生经常虎头蛇尾,原因在于他们缺乏制作前对机器人的规划、材料的准备、制作工具的准备等。制作机器人应根据任务要求,从任务出发规划机器人的造型,从造型分析需要的元件,最后再动手制作。但学生们的考虑往往正好相反,因而制作成功率十分低。

●问题表现1

如果想自己制作一个机器人,就必须准备好1个底板、1个控制器、1个电池、2个电机、2个车轮、连接线和螺丝等。学生们在制作机器人时往往兴趣过头而忘记重要事情,如规划机器人,材料的准备,工具的准备等。例如:安徽省小学信息技术2011年版2015年第1次印刷本第8册教材中的第11课"我制作的机器人"一课中,教师在上课时就出现了如下情况。

师:今天我们制作一台机器人,它将是一个导游,带领参观我们校园的人按图8-3-4-1线路进行浏览和讲解。

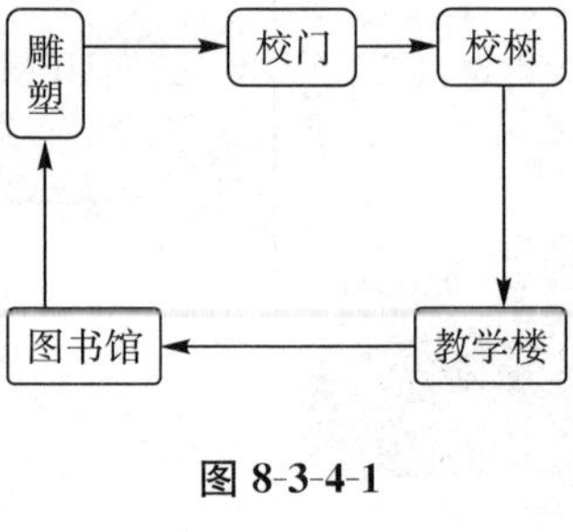

图8-3-4-1

生:(领取材料,动手制作。)

师:你们打算做一个什么样的机器人?

生:……

●问题表现 2

传感器有什么作用？有哪些传感器？如何应用这些传感器？教学时教师会发现学生按部就班能力还是很高的，但一涉及思考内容时就会显得能力低下了。学生制作的机器人要用到传感器，对于传感器学生们可谓是知之甚少，因而在实践过程中困难重重。

师：同学们制作的“导游机器人”是要带领大家参观校园的，如果前进的路上有小学生挡住了怎么办？

师：用什么传感器知道前方有人？

生：……

解决方法参考

教师带领学生制作机器人，虽然制作过程占课堂教学的主要时间，但是制作前的规划更为重要。动手实践操作前，第一步要让学生设计自己的机器人，完成设计后，还要论证机器人是否能够完成任务。第二步收集材料，包括主控系统、电池、马达等。第三步才开始制作。

●案例 1　规划设计

教师活动	学生活动	设计意图
(1)绘制简易校园路线图，规划游览路线。 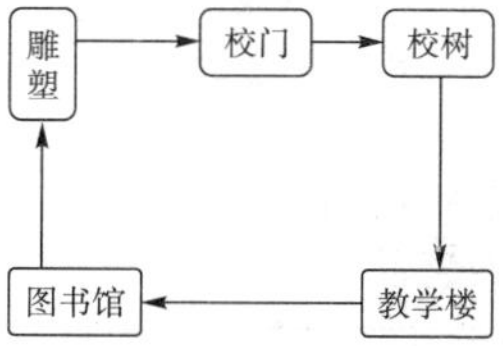 	(1)和老师一起规划游览路线。	通过规划，让学生根据任务需要制作更符合要求的机器人，少走弯路，提高工作效率。
(2)分析制作机器人所需要元器件： 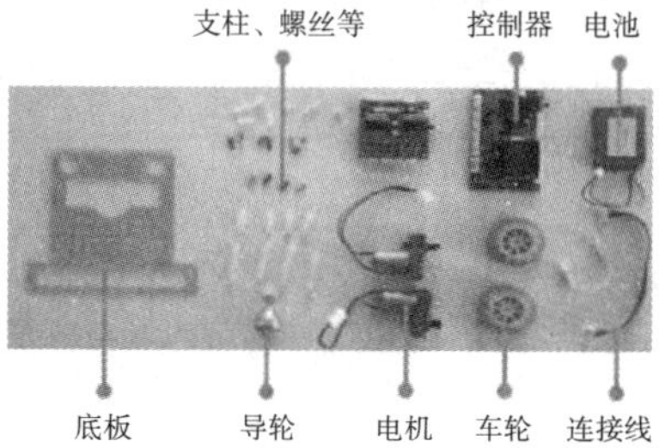 	(2)分析制作这样的机器人所需要的元器件。	
(3)分析制作机器人所需要的其他辅助材料，如：报纸、铁丝、纸盒等。	(3)分析制作这样的机器人还需要的材料如：报纸、铁丝、纸盒等。	

续表

教师活动	学生活动	设计意图
(4)分析制作机器人所需要的工具： 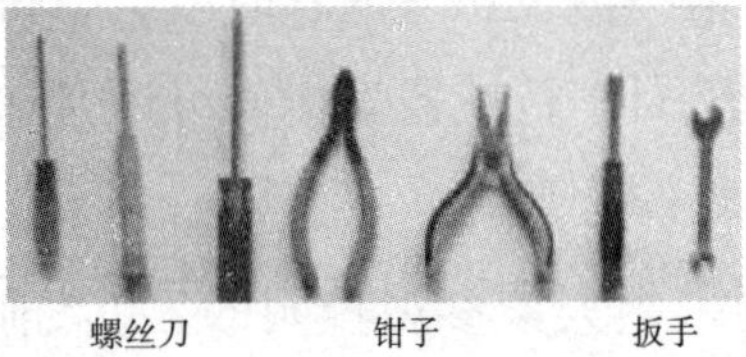 	(4)分析制作这样的机器人所需要的工具。	

学生们往往最不注重规划，总是在第一时间找元件、工具等，马上投入到热火朝天的制作中去，这样的结果显而易见将会失败。虽然不影响学生的热情，但却无形中培养了不良行为习惯。教师在教学过程中应教育学生重视规划，让学生提高对规划设计的认识。

●案例 2　机器人的传感器

教师活动	学生活动	设计意图
(1)介绍超声波传感器。 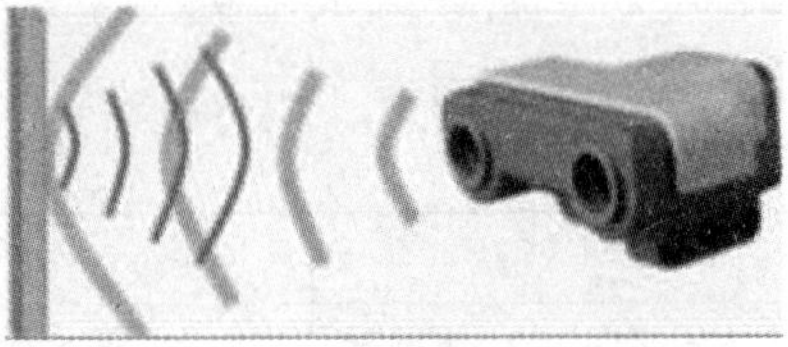 (2)让学生找一找超声波传感器。 (3)设定超声波传感器的感应距离。 (4)测试超声波传感器的感应距离。	(1)认识和了解超声波传感器。 (2)查找超声波传感器。 (3)设定超声波传感器的感应距离。 (4)测试超声波传感器的感应距离。	学一学，找一找，做一做，让学生一步步由认识超声波传感器到了解超声波传感器，再到精通超声波传感器。

机器人的相关知识对学生来说都是陌生的，学生们很多东西都是第一次接触，教师在教学中要耐心解答学生的问题，引导学生进行思考。传感器种类很多，外形各不相同，在教学时注意指导学生认真查看传感器标签，了解每个传感的功能，提高制作效率。

3-5　课例 5——机器人控制

分析教学难点或常见问题

学生们对于机器人的编程不是很理解，在他们的思维中机器人制作完成了就可以按照命令进行活动，而对于这个“命令”没有太多思考，可能认为他们要求机器人完成任务，机器人就会完成任务。还有的学生认为编程给机器人，机器人就会十分准确地完成任务，然而他们不知道，机器人程序控制需要长时间的调试才能准确地完成既定任务等。

●问题表现 1

学生在完成了机器人的制作后，往往不认为机器人需要编程后才能完成特定任务。电视、电影中的机器人通常都不要编程，即使需要程序也只要很短时间的下载就可以使用了。这就造成了学生们在完成机器人的制作后，迫不及待地启动机器人，而机器人则是毫无反应。例如：安徽省小学信息技术 2011 年版 2015 年第 1 次印刷本第 8 册教材中的第 10 课“我控制的机器人”一课中，学生们的问题各式各样。

师：同学们，你们的机器人完成了吗？

生：老师，我的机器人坏了。

师：怎么了？我来看看。

（教师检查学生的制作的机器人，看了又看没看出问题出在哪里）

师：哪里坏了？

生：老师，它不能动。

师：这是因为它没有编写程序……

●问题表现 2

对于机器人的编程问题，学生们的考虑很是简单，认为我编写了程序让机器人前进，左转 90 度后，机器人就一定会十分准确地按设想行进。其实机器人在运行的过程中，往往受到轮胎与地面的摩擦力等因素的影响，会产生不同的效果。

师：同学们，下面我们给机器人编写一个行进的程序，先进的路线如图 8-3-5-1：

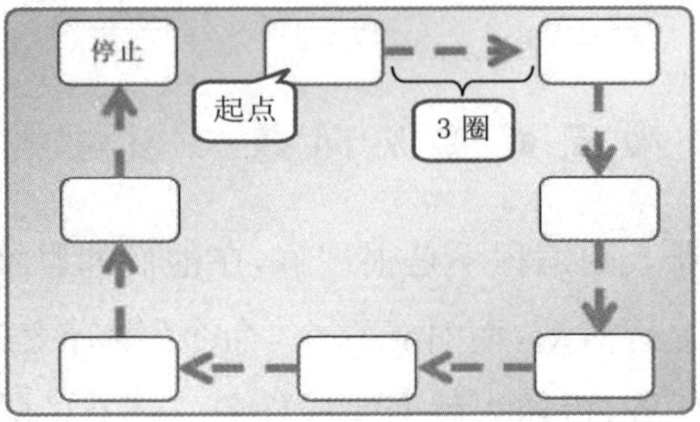

图 8-3-5-1

师：请同学们按以上路线图给机器人编写程序，完成后下载到机器人主控器中。

（学生编写程序，老师巡视指导，15 分钟后。）

生：老师，我机器人不按我编写的程序运行，它自己乱动。（学生编写的程序如图 8-3-5-2。）

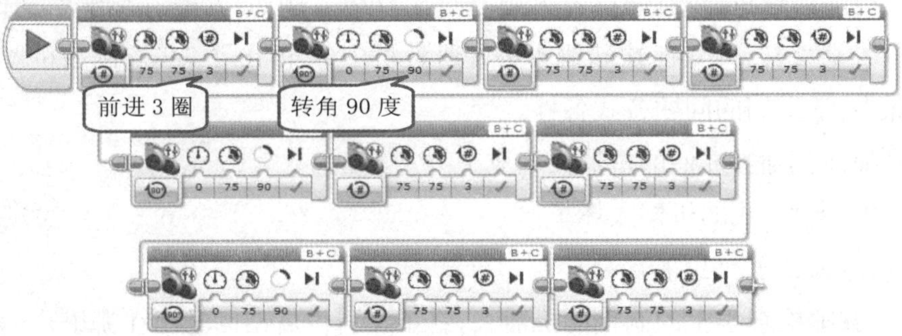

图 8-3-5-2

师：……

解决方法参考

没有程序的机器人不叫机器人，充其量来说只能叫机器。机器人是在程序的控制下自主地运行，完成某个任务。所以在机器人制作完成后，还要根据任务给机器人编写相应的控制程序。在编写控制程序时，还要根据机器人的特点进行调试，调试完成后才能完成任务。

●案例 1 控制机器人

教师活动	学生活动	设计意图
(1)带领学生检查机器人的主控器、马达和外形是否合理。 (2)带领学生检查线路是否有松动。 (3)认识主控器程序下载接口。 (4)指导学生打开程序编写软件,认识编程软件。  (5)指导学生编写程序。	(1)检查机器人的主控器、马达和外形。 (2)检查机器人线路。 (3)认识主控器程序下载接口。 (4)打开编程软件,认识编程软件。 (5)尝试编写程序。	让学生由认识主控器程序下载接口到了解程序编写软件,过渡自然,让学生在认识接口时自然联想到程序编写,从而理解机器人是用程序控制的。

学生们对于机器人需要程序控制的认识与理解需要教师讲解,学生们玩过一些遥控汽车或飞机,只要通过遥控器控制即可。而机器人则不一样,它是先将程序编写到机器人的主控器中,再让机器人自主运行,也就是说让机器人运行的是事先编写好的程序。

●案例 2 编写机器人程序

教师活动	学生活动	设计意图
(1)规划机器人行动路线。 (2)介绍进行程序模块。 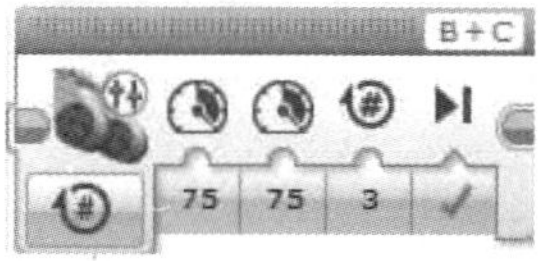 (3)介绍转角方法。 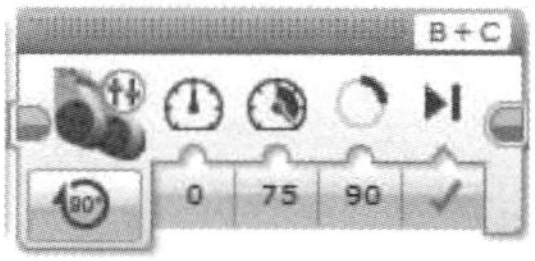 (4)讲解:机器人运行受到轮胎与地面的摩擦力的影响,所以转角 90 度并不是真实的直角转弯,具体是多少度,需要同学们试验。 (5)指导学生尝试编写程序。 (6)检查学生们编写的程序,指导学生将程序下载到机器人主控器中。 (7)运行机器人,查看运行效果,根据情况调试机器人。	(1)规划机器人行进路线。 (2)了解直行程序模块。 (3)了解机器人转角方法。 (4)了解机器人转角的角度值设定与机器实际情况相关,需要进行调试。 (5)尝试编写程序。 (6)下载程序到机器人主控器。 (7)调试机器人程序,直到完成任务。	先规划机器人行动路线,让学生在编写程序时做到心中有数。 在编写完程序后,让学生去试试程序的运行情况,百闻不如一见,这样学生更容易理解调试程序的重要性。

对于程序编写，学生们只能编写简单的程序，完成简单的任务。现实中已经应用的家用机器人、工业机器人、军用机器人和农业机器人等都是由工程师们编写了十分复杂的程序后才实现的。每一个已经应用的机器人都是集体的智慧，它的工程复杂一般由单独一个人无法完成。